音楽の理論

門馬直美

講談社学術文庫

はしがき

　この本は、音楽理論全般を大観して、一般音楽愛好家の教養に役立てようとしたものである。
　音楽理論は、音楽に心をよせるすべての人が一応知っていなければならないものだが、今まではあまり重んじられていなかった。もちろん、音楽家を志す人、特に作曲に野心を持つような人は必要上、音楽理論を勉強するが、その他の音楽愛好家は、理論などには見向きもしなかった。そのために、たいていの音楽愛好家は、音楽を深く理解しようとする希望を達成することができなかった。しかし、それもある程度やむを得ないことだった。というのは、従来の音楽理論の本は、たいてい、和声とか対位法とか音楽形式とかに分科している上に、あまり専門的に走っていて、一般愛好家には向かなかったからである。そこで私は、一般読者のために音楽理論の全般を一冊に集約し、総合して、できるだけ平易に説明する必要を感じて、ここに本書を書いたのである。
　音楽の理論では、和声と対位法と音楽形式がもっとも重要なものとなっていて、普通にはそれらを別々の著書で研究することになっている。そしてそれは専門的な学生には必要なことである。しかし、一般の人にはそういうことは望むこともできない。少なくとも、そういう専門的研究にはいる前に、全体を総合的に見る必要がある。私は、今ここでそういう音楽理論の総合的大観を試みたのである。それは、いろいろなものを雑然と羅列したのではなくて、一つの観点から総合したのである。すなわち、本書は和声とか対位法とか音楽形式とかの寄せ集めではなく、一つの体系的な音楽理論であって、その中に和声や対位法や音楽形式、そしてさらに旋律とリズム編までも含んでいるのである。その中心となる観点

は、私が音楽史と音楽美学の研究から得た私自身のものである。

音楽理論の本は、たいていは音楽になっていない譜例を多く入れているが、本書の実例は、すべて、実際の名曲から私が自分で見出したものである。この点では、本書は、今までにない理論書、生きた音楽書といえると思う。

従来の音楽理論書の多くは、冷たい「規則」をいたずらに並べたて、それにしたがうにはどうすればいいかという技巧的なことを重んじている。しかし、私は、ここではそれよりも、そういう「規則」がなぜできたかという理由を考え、それを大作曲家はどのように重んじたか、あるいは重んじなかったかということを見ようとした。

本書は、多くの理論書に見られるような無味乾燥な練習問題を掲げなかった。それは、本書が教科書でないからでもあるが、また、練習問題となるような多くのことを本文中で十分に説明したからでもある。

本書は、音楽理論の全部を取り扱っている。これを読めば、簡単な作曲くらいはできるに違いない。しかし、私がここで重んじたことは、それよりもむしろ、名曲を理解する力を与えることである。

本書を草するにあたって、私は年余にわたり、文献を渉猟して本書を書いたのであって、自分としては最善を尽くしたつもりであるが、しかし、なお不備の点が少なくないだろうと思う。そういうところは、大方の御叱正を仰ぎ、追って改訂していきたいと願っている。

本書の初版は昭和30年に刊行され、それ以後幸いにも本書は版を重ねてきたが、内容や文体その他で古さが目につくようになり、ここで新たに改訂の手を加えた次第である。

最後に、本書の改訂出版にあたって多大の御世話になった

音楽之友社淺香淳社長、中山正吾制作部長、その他各位にここで深く謝意を表したい。

　平成3年1月改稿

門馬直美

注　意

(1) 本書では、イ、ロ、ハなどの日本語式の音名を使用した。この音名を楽譜の音符と一致させると、つぎの通りである。

下一点音　大文字音　小文字音　上一点音　上二点音　上三点音　上四点音

(2) 日本語式音名を英語式およびドイツ語式音名と対照すると、つぎのようになる。

日本語式	ハ	ニ	ホ	ヘ	ト	イ	ロ
ドイツ語式	C ツェー	D デー	E エー	F エフ	G ゲー	A アー	H ハー
英　語　式	C シー	D ディー	E イー	F エフ	G ジー	A エイ	B ビー

そして、嬰、変などの変化音はつぎの通りである。

日本語式	嬰	嬰ハ	変	変ニ	重嬰	重嬰ハ	重変	重変ニ
ドイツ語式	-is イス	Cis ツイス	-es エス	Des デス	-isis イシイス	Cisis ツイシイス	-eses エセス	Deses デセス
英　語　式	sharp シャープ	C sharp	flat フラット	D flat	double sharp ダブルシャープ	C double sharp	double flat ダブルフラット	D double flat

ただし、変ロはドイツ語でB（Hesではない）、重変ロはHesesである。英語では、もちろん、この変ロはB flat、重変ロはB double flatである。また、変ホはドイツ語でEs（Eesではない）、変イはAs（Aesではない）である。

(3) 長調は英語でMajor、ドイツ語でDur、短調は英語でMinor、ドイツ語でMollである。したがって、変ホ長調は英語でE flat Major、ドイツ語でEs Durである。

目　次

はしがき ………………………………………………………… 3
注　意 …………………………………………………………… 6

第1部　基礎の理論

第1章　音程と音階 ………………………………………… 15
1．音　程　15
2．音　階　18
3．音程の感じ　24

第2章　調 …………………………………………………… 35
1．調　35
2．転　調　36
3．移　調　39
4．調の感じ　42

第2部　和声の理論

第1章　和　音 ……………………………………………… 49
1．三和音　49
2．七度和音その他　51
3．和音の変形　52
4．和音の進行　56
5．声部の進行　58

第2章　和声的リズム ……………………………… 65
第3章　三和音の進行 ……………………………… 71
第4章　和声外の音 ………………………………… 75
　1．経過音　75
　2．補助音　76
　3．倚　音　79
　4．掛留音　82
　5．挿入転換音　87
　6．先行音　89
　7．持続音　91
第5章　三和音の転回 ……………………………… 103
　1．第一転回　103
　2．第二転回　110
第6章　終止法 ……………………………………… 119
　1．完全終止（または正格終止）　119
　2．半終止（不完全終止）　121
　3．変格終止　123
　4．中断終止（偽終止）　125
第7章　属七の和音 ………………………………… 129
　1．属七の和音　129
　2．他調の属七　130
　3．属七の予備　136
　4．属七の不規則な解決　136
第8章　属九の和音 ………………………………… 143
　1．属九の和音　143

2．減七和音　145

　　3．減五短七の和音　149

　第9章　副七、九度、十一度和音 …………………… 153

　　1．副七和音　153

　　2．九度和音　156

　　3．十一度および十三度和音　157

　第10章　変化和音 ………………………………………… 159

　　1．ナポリ六度　159

　　2．増六の和音　162

　　3．上基と下中和音の変化　168

　　4．増五度および減五度和音　172

　　5．調の拡大　176

　第11章　連　進 …………………………………………… 179

　第12章　特殊な和声 ……………………………………… 185

　　1．教会旋法の和声　185

　　2．全音音階　190

　　3．近代の和声　192

　　4．無調音楽　197

　　5．多調音楽　204

第3部　転調の理論

　第1章　転　調 …………………………………………… 209

　第2章　全音階的転調 …………………………………… 213

　第3章　半音階的転調 …………………………………… 217

　第4章　異名同音転調 …………………………………… 221

第5章　経過転調 ················· 225

第4部　リズムと旋律の理論

　　第1章　リズム ··················· 227
　　第2章　複リズム ················· 233
　　第3章　旋　律 ··················· 237
　　　1．旋律の存在　237
　　　2．旋律の形　241
　　　3．旋律の進行　244
　　　4．旋律の構造　247
　　第4章　旋律と和声 ··············· 253
　　第5章　分節法 ··················· 259
　　第6章　不正規な構造 ············· 265

第5部　対位法の理論

　　第1章　対位法 ··················· 279
　　第2章　対位法旋律の独立性 ······· 283
　　第3章　旋律の結合 ··············· 291
　　第4章　転回対位法 ··············· 297
　　　1．転回対位法　297
　　　2．八度の二重対位法　298
　　　3．十五度の二重対位法　300
　　　4．十度の二重対位法　303
　　　5．十二度の二重対位法　305
　　　6．三重対位法　307

7．四重および五重対位法　309
　第5章　カノン ……………………………… 313
　　1．模　倣　313
　　2．反　転　313
　　3．カノン　317
　　4．二声部カノン　318
　　5．多声部カノン　323
　　6．特殊なカノン　324

第6部　形式の理論

　第1章　音楽の形式 ……………………………… 331
　第2章　歌曲形式 ……………………………… 333
　第3章　ロンド形式 ……………………………… 337
　第4章　変奏曲形式 ……………………………… 341
　第5章　フーガ形式 ……………………………… 349
　第6章　ソナタ形式 ……………………………… 361

結　び ……………………………………………… 368

音楽の理論

第1部　基礎の理論

第1章　音程と音階

1. 音程

音楽の理論の基礎となるものは音程である。和声を研究するにも、対位法を勉強するにも、音程の十分な知識が必要である。

音程とは、二つの音の間の高さの差のことをいう。その二つの音は、同時に鳴ったものでも、別々に発したものであってもよい。この音程の大きさは、音程をなす二つの音も入れて、その間にある音名の数で示す。この音名の数は**度**という。たとえば、ハ-ニは二度、ハ-ホは三度（ハ-ニ-ホの三つの音を含む）である（例2）。

八度以上の音程は、低い方の音を八度上げて呼ぶことが少なくない。たとえば、ハ-ホは、低いハをハに上げてハ-ホとして、三度というのである。しかし、もちろん、このハ-ホを十度ということもある。

音程は度名で区別されるほかに、その間にある半音の数によっても分類される。たとえば、ハ-トもハ-嬰トも五度であるが、その中に含まれている半音の数は、ハ-トでは七つ、ハ-嬰トでは八つである。しかも、この二つの音程の性質は全然別で、一方は完全に和合しているが、他方は濁ってい

る。したがって音程を区別するには、度名によるだけでは、どうしても不十分なわけである。そこで、半音の数によって、音程をさらに細かく分類する必要がある。音楽で普通に使われる八度内の音程をこの分類にしたがって示すと、つぎの通りである。

度	一		二			三				四			五			六				七			八	
名称	完全一致	増一度	短二度	長二度	増二度	減三度	短三度	長三度	増三度	減四度	完全四度	増四度	減五度	完全五度	増五度	減六度	短六度	長六度	増六度	減七度	短七度	長七度	減八度	完全八度
半音の数	なし	1	1	2	3	2	3	4	5	4	5	6	6	7	8	7	8	9	10	9	10	11	11	12
実例 高い音	ハ	嬰ハ	変ニ	ニ	嬰ニ	重変ホ	変ホ	ホ	嬰ホ	変ヘ	ヘ	嬰ヘ	変ト	ト	嬰ト	重変イ	変イ	イ	嬰イ	重変ロ	変ロ	ロ	変ハ	ハ
実例 低い音	ハ	ハ	ハ	ハ	ハ	ハ	ハ	ハ	ハ	ハ	ハ	ハ	ハ	ハ	ハ	ハ	ハ	ハ	ハ	ハ	ハ	ハ	ハ	ハ

つぎに、こういう音程のいくつかの実例を示す（例3）。

上の表には、減四度と長三度、あるいは減七度と長六度のように、半音の数が同じでも音程の名称の違うものがある。これは、もちろん、度が違うために生じたものであるが、ピアノでは同じ音となる。たとえば、ハ−変ロとハ−嬰イとは、ピアノでポツンポツンと出したときには、どちらが短七度でどれが増六度なのか区別できない。ところが、楽譜の上では

いうまでもなく書き方でこの両者を区別できる。実際の音楽でも、この音程の前後のいくつかの和音〔49ページ以下〕の関係から、ちょっと耳の達者な人なら、そういう二種の音程を聞き分けることができるのである。それは、後で説明するように、どの和音から短七度あるいは増六度の音程を通って、どの和音にどう進むかということが決まっているからである。とにかく、このように半音の数が同じで、しかも名前の違う音程は**異名同音（エンハーモニック）音程**という。ピアノは周知のように平均律で調律されているので、この音程を区別できないが、ヴァイオリンやチェロなどは純正律なのでこの音程を区別して出すことができるし、実際区別して出さなければならない。この異名同音の音程、あるいは平均律と純正律の音が、だいたいどのくらいたがいに高さの違うものであるかは、音楽音響学で取り扱う問題に属する。

音程は、転回することができる。**転回**というのは、音程をなす低い音を八度上げることである。たとえばハートの完全五度を転回すると、トーハの完全四度ができる。

完全五度　完全四度　長六度　短三度　増七度　減二度

このように、音程は転回すると名前も変わる。すなわち、転回音程の度は、

原　音　程　　1　2　3　4　5　6　7　8
転回音程　　8　7　6　5　4　3　2　1

のように、9から原音程の度を引いたものである。しかも、

長音程は転回すると短音程に、

短音程は転回すると長音程に、

増音程は転回すると減音程に、

減音程は転回すると増音程になるが、しかし、
完全音程は転回しても完全音程である。

たとえば、増四度を転回すると、減五度（9-4＝5）となり、短三度は長六度（9-3＝6）となる。このため、六度とか七度のような大きい音程が長音程なのか増音程なのかなどということを調べるには、その音程を転回し、小さい音程として、この半音の数を数えた方が便利なことが少なくない。

ところが、音程の名前を知るには、普通、こんな面倒な方法を使わず、音階を用いてすることの方が多い〔22ページ以下〕。

2. 音階

音階とは、ある曲、またはその一部で使われている音を階段風に並べたものである。これには、いろいろの種類がある。しかし、現在普通にきく音楽の十中八九までは、長音階ないし短音階にもとづいている。

長音階というのは、原則としてつぎの音程関係を持つ音階である。1-3の間が長三度であることに注意（例5）。

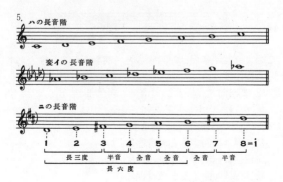

一方、**短音階**には、自然的、和声的、旋律的の三種があるが、そのどれでも1-3の間は短三度となっている。そして、**自然的短音階**は、長音階の6の音から始めた音列と同じ音程関係を持つ。すなわち、自然的短音階の音は、この音階の1の短三度上の音（3）を1とした長音階の音と同じものである（例6）。

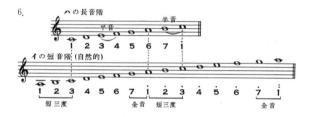

　この音階は、しかし、実際にはあまり使われない。それは7-1が全音となっているからである。音階の第七番目の音、つまり第七度音は、**導音**といって、その上の1の音、すなわち第一度音（基音ともいう）と半音であることが自然なのである。音階を第一度から第二度……、第七度と上がって行くと、どうしてもそのつぎの7-1は半音でありたいと感じられる。ところが、自然的短音階では、そこが全音となっている。そこで、第七度を半音上げると、導音の関係は半音となってきわめて都合よくなる。この種の音階は、和声でよく使われるので、**和声的短音階**という（例7）。

　しかし、この音階には、6-7の間に増二度、すなわち全音半という変な音程がある。この音程は、和声的には差支えないが、旋律的には不適当なのである〔244ページ〕。実際、第一に歌いにくい。このため第六度を半音上げて6-7を全音とすると、5-6は全音、6-7も全音、7-1は半音となって、都

合よくなる。しかし、導音の半音関係は、低い音から上行する時に必要なのであって、下行の時にはたいして必要でない。したがって、下行では第七度を半音上げる必要がなく、そのためまた、第六度も半音上げないでよい。こうしてできた音階は、旋律的なので、**旋律的短音階**という。このように、この音階では上行と下行の時で形が違う（例8）。

つまり、旋律的短音階の下行形は、自然的短音階と同じものである。また、旋律的短音階の上行形1-6の音程は長六度で、第四度以上の音は長音階と同じ音程関係になっているので、この音階を**長調的短音階**ともいう。

長音階でも、短音階と同じように、自然的、旋律的、和声的と区別することもあるが、普通には上述のいわゆる自然的長音階以外にはあまり使われていない。しかし、第六度を半音下げて1-6を短六度としたものは、**短調的長音階**ということがあり、19世紀後半のブラームス前後の音楽でときどき

見受けられる（例9）。

このフレーズは変ロの長音階にもとづくものであるが、第六度にあたるトの音を半音下げている。くわしくいうと変ロの短調的長音階を基礎にしているわけである。

短音階を用いた曲が上の三種の必ずどれかにもとづいているとは限らない。旋律的および和声的音階を混同して使ったり、旋律的上行形を下行のときに用いたり、いろいろである。要するに、短音階の曲では、第六度、第七度、あるいはその他の度がどうあっても、第一度と第三度が常に短三度となっているのである。

たとえばモーツァルトのピアノ・ソナタ K. 310 イ短調の第1楽章の冒頭は、イの短音階にもとづくが、下行で半音下げた導音（第2、4小節の嬰ト）を使っている（和声的短音階）。ショパンのマズルカ Op. 6-2 の最初では、嬰ハの短音階を基礎としているが、第六度と第七度を半音上げている。したがって、これは純然たる旋律的短音階の上行形だけを用いているわけである。さらに、短音階の曲では、第四度を半音上げて、憂愁な感じを強めていることもある。これは、和声の方から理屈がつけられるが、特にショパン（マズルカ Op. 67-4 の冒頭の嬰ニの音）、シューマン、ブラームス（ピアノ・ソナタ Op. 2 第1楽章、第40小節第二主題の重嬰ニの音）、リストなど、19世紀半ばの音楽では、さかんに使われている。

こうして四度を上げると、ハンガリー風の感じになることが少なくない。事実、ハンガリー・ジプシーの短音階は、この半音上げた四度を持っている〔192ページ〕。そして、いわゆるジプシー風の感じの音楽でも、この音は頻繁に使われている。ブラームスの「ハンガリー舞曲」やリストの「ハンガリー狂詩曲」などは、そのいい例である。

今まで、音階の各音を、1、2、3……などの数字、あるいは第一度、第二度などと度で呼んだが、これでは音程の度と混同するし、和声の時にもいろいろと不便なので、ここでそれに別の名前を与えておこう。

第一度は**基音**、
第二度は**上基音**、
第三度は**中音**、
第四度は**下属音**または**次属音**、
第五度は**属音**、
第六度は**下中音**、
第七度は**導音**という。

また、長音階と短音階は、全音を主にしているので、**全音階**ということもある。これに対して、**半音階**というのは、八度を十二の半音に分けた音階を指す。とにかく、半音階の音を使えば使うほど、何ともいえない不安な、落ち着きのないものとなる。

音階を用いて音程の大きさを知るには、音程の低い音を音階の基音として、この音階と音程とを比べればよい。たとえば、ト−嬰ハの音程では、トを基音とする長音階をとると、ト−ハはこの音階に含まれるから完全四度、したがってト−嬰ハは増四度であることがわかる。このためには、長音階の各音が基音からどの音程をなしているかを知っていると便利である（例10）。

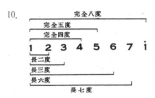

　その上、どの長音階がどの変化記号を必要とするかもおぼえておかなければならない。つぎの白い音符は長音階の基音、黒い音符は短音階の基音を示す（白は黒の短三度上、例11）。

そして、同じ度の音程で、
　　長音程より一つ半音少ないものは短音程、
　　長音程より二つ半音少ないものは減音程、
　　長音程より一つ半音多いものは増音程、
　　完全音程より一つ半音少ないものは減音程、
　　完全音程より一つ半音多いものは増音程、
である。
こういうことから、たとえば、嬰ヘ–変ホの音程は、嬰ヘ

の長音階とくらべて、嬰ヘ–嬰ホの長七度より半音が二つ少ないから、減七度であることがわかる。

今度は音楽がどの音階にもとづくのかを知らなければならない。それというのも、長音階と短音階にもとづく曲では感じが全然別だからであり〔42ページ〕、しかも、同じ長音階でもハの長音階にもとづく曲とイの長音階にもとづく曲というように、基音の位置によっても曲の感じがまるで違うからである〔43ページ以下〕。しかし、曲がどの音階にもとづくかを知るには今までの知識では不十分である。それには、調〔35ページ以下〕と和声〔49ページ以下〕のことを理解していなければならない。また、音階による曲の感じの相違も、調色の問題と関係があるので、調色のところで詳しく説明することにする〔42ページ以下〕。

3. 音程の感じ

音程にもいろいろな感じがある。同じ三度でも、長三度と短三度では感じがまったく違う。

一度と八度は、もっともよく合って、気持ちがいい。このため、旋律やバスを八度で重複してその意味や性格を目立たせたり、強めたりすることが少なくない。

これについでよく融合するのは、**完全四度と完全五度**である。しかし、五度だけの音ではどうも不満足である。それというのも、五度の間に長三度か短三度を置いて、完全和音〔51ページ〕の形にしないと、この和音の性格がわからないからである。だが、作曲家によって、この空虚な五度を使って、特殊な効果を出すこともある。ベートーヴェンの第九交響曲の第1楽章の冒頭は、そのもっともいい例で、不安な、これから何か大きなことが起こりそうな感を与える（例12）。

また、五度の音程で一つの旋律を重複することは、16世

第1部 基礎の理論　25

紀から19世紀後半までほとんど行われなかったが、ドビュッシーの頃から、この進行は採用され、美しい効果を出すようになった〔190ページ以下〕。

　三度と六度は、長音程のときには明るく、短音程のときには暗いが、ともにかなりよく融和し、豊かな、ふくらみのある音を出す。そして一つの旋律を三度または六度で重複するときには、長音程と短音程を混用して、変化を加えることが少なくない（例13）。

　二度と七度は、長音程のときでも短音程のときでも、あまり融和せず、むしろ鋭いものとなる。17世紀から19世紀のはじめ頃の音楽ではこの音程を目立たないように（たとえば弱勢部で）使うのが普通だったが、その後次第にこの音程特有の響きを利用して、目新しい効果を挙げるようになった。ドビュッシーやラヴェル以後のピアノ曲その他には、その美

しい例がある（例14）。

減音程と増音程も、それぞれ独特な感じを出す。しかし、一つの旋律をこの音程で重複するようなことは、近代音楽をのぞいてほとんどない。それは、非常に食い違ったような響きを出すからである。

以上の音程の中で、完全音程と長と短の三度と六度の音程は、**協和音程**といい、その他の音程は**不協和音程**ということがある。そして、完全音程を**完全協和音程**、長と短の三度と六度を**不完全協和音程**ともいっている。

音程は、その音を順々に鳴らした時でも、音程の大きさによっていろいろな感じを出す。

一度の音程の進行、すなわち同じ高さの音を繰り返す進み方（同音反復）は、平静な感情を出し、またときには崇高さや不気味な感じも出す。例15aでは、感情は平静であるが、力性（ディナーミク）で変化を出し、bではリズムで面白味を出していて、cは崇高である。dとeは葬送行進曲で、静かな悲しみを表わし、fはシューベルトの「影法師」の不気味さを、gは「死と乙女」の悲痛な趣きを出す。

しかし、こういう進行でも、低い音から急激に高い音に行って、それからこの同音反復の進み方をすると、神経質ないらだたしさも加わる。例16aは、ショパンの「乙女の願い」でかなわぬ希望を表わすところであり、bはシューベルトの「魔王」の中の子供が父を呼ぶところである。

二度の進行は、もっとも円滑で、もっとも自然である。その中で、短二度、すなわち半音の上行は、導音からもわかる

ように、憧憬、感情の高まりを示し（例16b）、これが続くと不安になり、落ち着きがほしくなる。半音の下行には、あきらめがある。しかし、半音階風の速い走句では、華やかな色

第1部 基礎の理論 29

彩が出て、特に下行のときには、いくらか度胆を抜くようなことも少なくない（例17a）。こういう半音階風の華やかな進行は、独奏用の器楽曲や協奏曲で、素晴らしい効果を出すために使われることが多い。バッハの「半音階的幻想曲とフーガ」の中のフーガの主題は、不安な憧憬を表わすが、すぐに同音の反復がくるので落ち着いたものとなる。モーツァルトが好んで使う半音階の進行には、モーツァルト特有の諦観、寂しさが出ている（例17b）。また、ヴァーグナーは、楽劇「トリスタンとイゾルデ」で、渇望を示すのに半音の上行を用い（例17c）、歌劇「ニュルンベルクのマイスタージンガー」のマイスタージンガーの恋の幻想を示す動機で、半音の下行を使っている。リヒャルト・シュトラウスの交響詩「死と浄化」は、不吉な静けさの中に時を刻む時計の音（同音反復）で始まるが、それに続いて出る高いヴァイオリンの旋律に半音の下行と上行を同時に使って、疲れ切った病人の歎息と往時の回想を描き出している（例17d）。

　全音進行は、穏やかであるが、全音ばかりで半音を使わないと、ドビュッシーの曲のように朦朧とした、よりどころのないものとなる〔190ページ〕。半音と全音を用い、しかもその音階外の音を使わないと（接続進行）、ベートーヴェンの第九交響曲の終楽章の有名な歓喜の旋律（例18）や、ヴェルディのオペラ「椿姫」の第1幕、および第3幕の前奏曲の旋律のように、滑らかで荘重なものとなる。

三度は、響きが豊かで、ときには官能的なこともあり、ときには力強いこともあるし、また愛とか好意を表わすこともある。

たとえば、シューベルトの「子守歌」、シューマンの「献呈」、ブラームスの「子守歌」「甲斐なきセレナード」「愛の歌」などの歌曲は、みな三度の上行で始まる。

長と短の三度をつづけた進行は、三和音を分散した形となるので〔54ページ〕、ハイドン、モーツァルト、ベートーヴェンなどの時代にはさかんに使われた。モーツァルトの愛らしい小さなピアノ・ソナタ K. 545 ハ長調、ベートーヴェンのヘ短調ソナタ Op. 2-1 などをはじめとして、この形で始まるものは非常に多い。

長三度、短三度と進むと高揚感があり（ベートーヴェンの第五交響曲の終楽章冒頭）、短三度、長三度と行くと、悲愴な決意が現われる（例19）。

さらに、長三度で上行し、同じく長三度で下行してもとの音に戻ると、落ち着いた雄大さがでることがある（ベートーヴェンの第三交響曲「英雄」の第1楽章のはじめ）。短三度の下行は、断固とした感じを出す（ベートーヴェンの第五交

第1部　基礎の理論　31

響曲の「運命」の動機)。また、三度は、カッコウの鳴き声を描写することもある (ダカンの曲やベートーヴェンの「田園」交響曲第2楽章)。

　四度には、減・増および完全の三種がある。しかし、減四度や増四度はあまり使われない〔245ページ〕。18世紀頃から19世紀にかけて、いわゆる古典派の時代には、上で述べた三度の進行とともに、属音から基音、あるいは基音から下属音などの完全四度の上行で始まる旋律がさかんに作られた (例20a)。しかし、その後のロマン派の時代でも、柔らかい味とロマン的な高揚を出すので、この完全四度の上行はよく使われた。ショパンの「別れの曲」として親しまれている練習曲 Op. 10–3、シューマンの「トロイメライ」などは、これで始まっている。とにかく、こういう四度の上行は、精力的なこともあるし、憧憬的なこともあるが、いずれにしても、硬さがない。下行では、シューベルトの「わが宿」の最初のように、あきらめが漂っている (例20b)。

　五度では、もっとも多いのは基音と属音、または下属音間の上行または下行である。そして、上行のときには疑惑を表わし (三度がないから)、下行では宿命的・決定的に響くことが少なくない。ベートーヴェンの第九交響曲の第1楽章では、こういう感じの五度の下行が何回も出るし、ヴァーグナ

一の「さまよえるオランダ人」の序曲の最初に出る呪いを表わす動機は、四度の上行と下行、および五度の上行でできている。

六度は、三度の転回で、三度と同じようにさかんに使われる。その効果も三度と似ているが、三度のときよりは強い。特に、長六度の上行は、旋律の最初で使われて喜ばしい感じを出すことが少なくない。その下行と短六度の上行と下行は、感傷的である（例21）。

六度以上の音程になると、上行がよく用いられる音程では下行はあまり使われず、下行が使われるものでは上行はたいして用いられない。六度もそうで、下行は上行ほどには目立ってあらわれない。しかし、旋律の終止の部分では〔119ページ以下〕、六度以上の音程もしばしば見られる（例22）。

七度の音程の中で、長七度は、ハ－ロのように、導音が加わるので、上行進行をほとんどしない。つまり、ハからロに飛躍し、それからさらにハに上行するのでは、旋律の進行上面白くないし〔245ページ〕、歌う場合にもむずかしいからである。しかし、下行は、旋律の終止では見受けられることが

ある。これに対して、短七度の上行進行は、特に古典派とロマン派の時代に、さかんに使用されている（例23）。

この進行は非常に切迫した感じを示し、神経質な効果を出す。そして、愛の憧憬に適し、また強すぎるくらいの緊張を起こす。たとえば、例16aのショパンの「乙女の願い」は、この進行を巧妙に用いている。下行形は放棄、断念、弛緩などという感情を強める。シューマンの「ああ麗しの君」は、この進行が何回となく出て興奮した心を和らげるのに役立っている（例24a）。

八度の飛躍進行は、和声的に見ると音の反復にすぎないが、旋律的には単なる反復以上の強い効果を出す。特に、上行は情熱的で、気品を持ち、壮大な感じも出す。同時に、神秘的な静けさを表わすこともある。ヴェーバーの「魔弾の射手」の序曲は、ドイツの森林の神秘を想わせ、後に続く劇の緊張を暗示するかのように、ホルンの八度上行で始まる（例25a）。下行は、緊張からの解放、平静な感情、あるいは不気

味な不安を起こす。シューベルトの「菩提樹」の陰暗な中間の部分のところには、この例がある（例25b）。

八度以上の音程の飛躍進行は、一般に、八度を引いた音程（九度では二度、十度では三度、15ページ参照）の出す効果を強めている。九度の上行には、悲痛な、とがめるような、あるいは強烈な感じもある（例26）。

十度は、旋律の飛躍進行の音程としてはだいたい最大のものであり、きわめて情熱的である。しかし、さらにヴァーグナーは、「パルジファル」の中で十五度の広い音程の上行を使って、皮肉な歌詞の旋律を書いている。例27は、ショパンの有名なワルツで、情熱的な華やかさをよく出している。

以上のような音程の効果は、いうまでもなく、ごくだいたいのことで、リズム、速度、力性、音階における位置その他のことなどによって、かなり違う。

第2章 調

1. 調

　調というのは、曲の基礎となっている音階の音を統一する和声的関係のことである。したがって、調のことをくわしく知るには、どうしても和声の知識が必要である。しかし、和声のことを知る前でも、調のだいたいのことは身につけておいた方がいい。

　音楽はすべて、何らかの音階にもとづいている。そして、その音階の音はみな、基音と何らかの関係を持ち、基音に近づこうとしている。実際、その曲の最後にはたいてい基音があるし、最初、または初めから二、三番目の音にも基音があり、その他の重要な箇所でも何回となく基音がでる。調というのは、要するに、こういう基音の引力で生じた音の関係なのである。このようにして、この引力、すなわち調の力で音楽は、一つのまとまった芸術品として統合されているのである。

　曲の調を知るには、基礎となる音階を知ればいいわけであるが、それでは面倒くさい。これには一つの便利な方法がある。つまり、今日普通に親しまれている音楽は、十中八九まで、調の基音で終わっている。あるいは少なくとも、最後の最低音は、この基音である。したがって、調記号とこの基音を見れば23ページの例11と比較して、調を知ることができるわけである。そして、長音階にもとづくときに、その音楽は**長調**の曲、短音階のときに**短調**の曲であるという。しかし、最後の最低音が基音でないこともある。シューマンの「子供の情景」の中の何曲かは、調記号と別の調で終わっている。また、古い音楽（バッハ以前）や20世紀の音楽でもそういうものがあるし、その上、長か短の全音階にもとづか

ない音楽もある。そういう場合の調を知るには、どうしても和声の力をかりなければならない。さらに、曲の調は、初めから終わりまで変わらないことはむしろまれで、たいていは、何回となく別の調に移っている〔209ページ〕。そういうときの調も、正確迅速に知るには、和声によらなければならない。

2. 転調

上で述べたように、たいていの曲は、中途で何回か調を変えている。こういう調の変化は、**転調**という。しかし、どう転調しても、一般に、結局は、最初の調にもどって終わることになっている。つまり、変化を持たせながら統一しているのである。たとえば、シューベルトの「野ばら」のような小さな曲でも、ト長調で始まり、ニ長調に転調し、最後にト長調で終わっている（例28）。

転調するときには、たいていこのように何らかの変化記号を持ち、今まであらわれなかった音が出るから音楽の色彩が変化する。さらに調には、それぞれ特有の感じがある。そのため、転調すると音楽の感じは、それまでと違った新しいものとなる。こうして転調が多ければ多いほど、音楽の色彩は多様になり、感じが複雑になる。その転調の回数は、決まってなく、また、転調した新しい調がどこまで続くかという長さも、定まっていない。しかし、いずれにしても、最後には

元来の調にもどるのが普通である。ただし、短調で始まる曲には、同じ基音の長調で終わるものも少なくない。例えば、ベートーヴェンの第五交響曲や第九交響曲などはそうである。バッハやヘンデルの頃のいわゆるバロック時代には、最後の方の和音だけを同基の長調にすることが普通だった〔214ページ〕。

転調はどう行われるか。これも、和声で取り扱う問題である。また、転調の方向、すなわちどの調に進むかということも別に決まっていない。しかし、前の調と密接に関係している調に進むことがもっとも多く、またもっとも自然である。それだけに、この方向の転調は、ありふれた平凡な効果も出しがちである。

ここで、関係している調といったが、実は、平均律の長短合計24（異名同調も区別すれば約40）の調は、すべてたがいに関係しているのであって、他のものと無関係に孤立しているのではない。しかし、そういう関係の中で、二つの調が深く関係しているとか密接な関係にあるとかいうのは、一方の調の重要な音、すなわち基音と属音と下属音のどれかが他方の調の重要な音と一致していて、しかも、両方の調に共通する音が数多くあるという場合である。たとえば、ハ長調とト長調。この二つの調では、ハ長調のへの音とト長調の嬰への音以外の音はすべて共通している。

　（ハ長調）ハーニーホーヘートーイーローハ
　（ト長調）　　　　　　　トーイーローハーニーホー嬰ヘート

しかも、ハ長調の基音（ハ）はト長調の下属音だし、ハ長調の属音（ト）はト長調の基音である。このように、調記号が一つ違う同性（同種）の調はもっとも関係が深い。しかしまた、ハ長調とイ短調、ハ長調とハ短調も関係が深いし、ハ長調とホ短調およびニ短調も関係が密接である。そして、ハ長

調とイ短調のように、調記号が同じで、しかも異性の調は並行であるといい、ハ長調とハ短調のように基音の同じ異性の調は同基であるという。さらに、調記号が一つ違う同性の調は、属音か下属音を基音とする調だから、それぞれ、**属調**および**下属調**という（ト長調を基礎にとると、ハ長調は下属調、ニ長調が属調）。したがって、ハ長調とホ短調はたがいに深い関係をなし、ホ短調は、ハ長調から見ると、属調（ト長調）の並行調であるわけである。また、ニ短調は、ハ長調の下属調（ヘ長調）の並行調であることになる。

こうして、上で述べた関係の深い調を図で示すと、つぎのようになる（カッコ内は、一例として、ハ長調を基準にとってある。例29）。

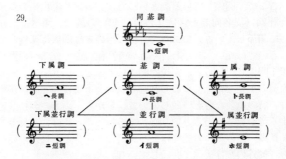

これらの七つの調は、いわば第一次の深い関係調である。第二次の関係調は、第一次関係調のそのまた第一次関係調である。たとえば、ハ長調に対してニ長調、変ロ長調、ロ短調、ト短調などをはじめとして、多くの調が第二次関係調である。

こうして見ると、転調は、第一次関係調に行くのがもっともなめらかで自然だということがわかるだろう。例28の

「野ばら」の転調は、第一次関係調に行き、ふたたびもとの調にもどるという簡単なものである。しかし、これは愛らしい軽い詩に付けた音楽だからまだいいが、第一次関係調だけに転調すると、どうしても平凡で退屈する。そこで、作曲家は、第二次、第三次などの関係調に進むこともして、変化を与えている。ときには、曲の効果から見て、関係の遠い調に突然転調して、不意打ちのような気分や、驚愕、興奮などを表わすこともある。シューベルトやショパンなどは、こういういろいろな転調を実に効果的に用いた天才である。たとえば、「魔王」の転調は、なんと詩の意味に合致し、描写的なことだろう〔48ページ〕。しかも、この名曲をシューベルトはわずか18歳のときに書いたのである。

では、どういう転調が上手な転調なのか。これは、和声の方面でいろいろにいわれているが、何よりも第一に、技巧上のことよりも、曲の感情に調和しているということがもっとも大切である。この条件に適する限り、自然でなめらかであっても、急激で飛躍的であってもいいし、技巧的に新機軸のものであってもいい。曲の感情と調和がとれているというのは、次項で説明するように、各々の調はすべて違った独特な効果を出すから、この調の効果と曲の内容および情緒が一体になっているということである。たとえば、葬送行進曲の悲しい部分で明るい長調へ何回も転調したのでは、それこそ台無しである。こういうことは、歌曲でよく研究するといい。歌詞の効果と調の効果が一致しないのでは、歌曲は別々の歌詞と音楽をくっつけたようなものになる。

3. 移調

移調というのは、文字通りに調を移すことであって、転調とは違う。すなわち、一つの曲（または旋律）を、音程関係

を保ちながら、他の調に移すことである。たとえば、例30b はaを五度下に移調したものである（調記号に注意）。

移調は、いろいろな目的のために行われる。まず第一に、作曲者の作った歌曲をそのまま歌えない場合、つまり、原譜通りでは高すぎたり、あるいは低すぎたりして声が出ないような場合に移調する。また、楽器の音域が旋律と合わない場合も移調することがあるし、合奏または重奏のときに、一つの楽器が全体的に全音とか半音上がっている場合にも移調が必要である。さらに、移調は、演奏技巧の練習のためや作曲のテクニックを鍛えるためにも行われる。

しかし、移調の中でもっとも大切なのは、移調楽器の場合である。**移調楽器**というのは、楽譜に記してある通りの音を出さないで、その音の何度か上または下の音を発する楽器である。クラリネットではハ調以外の楽器はそういうものである。したがって、移調楽器だということを知らないで、管弦楽や吹奏楽の総譜やクラリネットの加わった室内楽曲の楽譜を読んでいると、大変なことになる。つぎにこの移調楽器の主なものを掲げよう（例31）。

第1部 基礎の理論　41

31.

楽器	実際の音	楽器	実際の音
コントラバス	楽譜より八度低い	B管バス・ホルン	〔長二度+八度〕低い
B管クラリネット	長二度低い	C管トランペット	楽譜どおり
A管クラリネット	短三度低い	D管トランペット	長二度高い
C管ホルン	八度低い	Es管トランペット	短三度高い
D管ホルン	短七度低い	F管トランペット	四度高い
Es管ホルン	長六度低い	G管トランペット	五度高い
F管ホルン	五度低い	A管トランペット	長六度高い
G管ホルン	四度低い	コルネット	クラリネットと同じ
A管アルト・ホルン	短三度低い	スライド・トロンボーン	楽譜どおり
A管バス・ホルン	〔短三度+八度〕低い	イングリッシュ・ホルン	完全五度下
B管アルト・ホルン	長二度低い		

　したがって、たとえば、例32のaで示した音符は実際はそれぞれbのように響く。

4. 調の感じ

　調にはそれぞれの感じがある。作曲家は、この調の特性を十分考え、あるいは感じて作曲する。「荒城の月」が荒涼とした感じの中に感傷味を持つのは、一つは調がロ短調のためであり、シューマンの「トロイメライ」が平和でしっとりとしているのは、ヘ長調のためによるところが多い。こういう調の特性は、**調色**ともいう。転調も、実はこの調色にしたがって、曲に変化を与えるためにおこなわれるのである。

　こういう特性は、長調と短調をくらべると、はっきり感じられる。長調は明るく温かく、短調は暗く寒々としている。たとえば、シューベルトの「菩提樹」は、楽しい昔の日を思い出すような、明るいホ長調で始まるが、"自分は今日も闇の夜にさすらいに行かねばならないのか"というところにくると、寂しい冷たい現実を示すようなホ短調に変わる。

　しかし、また、嬰記号の多い調ほど積極的（＋）で、変記号の多いものほど消極的（－）である。つまり、同じく長調でも、嬰記号の多いものほど明るくて輝かしく、変記号の多いものほど柔らかい穏やかさが減少することが多い。短調でも、嬰が多いと強くなり、変が多いと寂しくなる。つまり、長短どちらの調でも、嬰調は高昇、緊張の感じを出し、明快で華々しく、変調は下降、弛緩の効果を起こし、陰暗で柔らかくなりがちである。

　また、短調の曲で速度が速いと、情熱的な感情、あるいは輝かしい色彩を出すことがある。

　つぎに、ハ長調から始めて、長短各調の性格と実例を示すが、もちろん、この性格はごくだいたいなものである。そして、理論、美学、心理学、作曲法などの本にも調色のことがでているが、その説はみな一致しているとは限らず、ときにはすこぶる違っていることもある。

*

ハ長調：単純、素朴、しかも確然とした感じを出す。ベートーヴェンの第一交響曲、「ヴァルトシュタイン・ソナタ」Op. 53、シューベルトの第九交響曲。

嬰ハ長調：ほとんど用いられない（変ニ長調と異名同調）。ハ長調より典雅で明朗で輝かしい。

変ニ長調：魅惑的、深刻、荘重。長調の中でもっとも暗く痛々しい調の一つ。病的なロマン性も出す。ショパンの「小犬のワルツ」Op. 64-1、「雨だれ前奏曲」Op. 28-15、ドヴォルザークの「新世界交響曲」の第2楽章（ラルゴ）。

ニ長調：高尚で華美、雄大で宗教的。特に歓喜に適す。活発なファンファーレにも用いられる。ヘンデルの「ハレルヤ・コーラス」、ベートーヴェンの「田園ソナタ」Op. 28、第九交響曲の終楽章合唱、ブラームスの第二交響曲、モーツァルト、ベートーヴェン、ブラームス、パガニーニ、チャイコフスキー、その他多くのヴァイオリン協奏曲（この調はヴァイオリン演奏にも適する）。

嬰ニ長調：変ホ長調と異名同調。あまり使われない。ベルリオーズは緩慢な調と呼んでいる。

変ホ長調：柔和の中にも悠然さを持ち、響きが充実し、華麗で荘重、最大の変化の表出に適するとまでいわれている。特に真剣な感情、壮大あるいは英雄的な気分を表わすのによく使われる。青空の調ともいう。ベートーヴェンの特に好んだ調の一つ。「英雄交響曲」「皇帝協奏曲」をはじめとしてこの調の作品は多い。ヴァーグナーもこの調を好んだ。

ホ長調：輝かしく、温和で喜ばしい。高貴の調。シューベルトの「菩提樹」「未完成交響曲」の第2楽章、ショパンの「別れの曲」として有名な練習曲 Op. 10-3。

ヘ長調：平和、単純素朴、牧歌的、田園的。低い音を多く使

うと、深い悲しみまでにはいたらないが、痛々しい感情を出し、ゆるやかな曲では荘重な、しかしあまり宗教的でない感じを出す。ベートーヴェンのヴァイオリン・ソナタ「春」「田園交響曲」、シューマンの「トロイメライ」。

嬰ヘ長調：色彩的。豊かさと柔らか味を持つ。特に、ロマン的な趣きを出す。ショパンの「舟歌」Op. 60、夜想曲Op. 15-2。ブラームスの「わが恋は緑」"Meine Liebe ist grün" Op. 63-5、リヒャルト・シュトラウスのセレナード Op. 17-2。

変ト長調：優和で華美。嬰ヘ長調より深い感情を示すこともある。ショパンの小さな華やかなワルツOp. 70-1、「黒鍵」といわれる練習曲Op. 10-5、「蝶々」と呼ばれる練習曲Op. 25-9。ブラームスの「愛のまこと」"Liebestreu" Op. 3-1。フランツの「音楽に」"Für Musik"。

ト長調：若人の調。誠意、冥想、優美、静かな田園的な風情。春の調ともいう。ベートーヴェンの「ヴァイオリンと管弦楽のためのロマンス」Op. 40、シューベルトの「野ばら」、シューマンの「くるみの樹」"Der Nussbaum"、ブラームスの「セレナード」(Op. 106-1)。

嬰ト長調：あまり用いられない（変イ長調と異名同調）。灰色がかった思想。いくぶん高尚。

変イ長調：夢想的で繊細。抒情的で壮麗。生き生きとして新鮮。シューベルトの「楽興の時」"Moments musicaux" の第2番と第6番、メンデルスゾーンの「歌の翼に」"Auf Flügeln des Gesanges"、ショパンのワルツOp. 34-1、と69-1、「英雄」といわれるポロネーズOp. 53、シューマンの「献呈」。

イ長調：輝かしく確信と希望に満ちる。単純、純粋、快活。誠実な感情に適す。ベートーヴェンの第七交響曲、シューベ

ルトのピアノ五重奏曲「ます」、ショパンの「軍隊ポロネーズ」Op. 40-1、ブラームスの「甲斐なきセレナード」、モーツァルトのクラリネット五重奏曲 (K. 581)。

変ロ長調：ハイドン、モーツァルト、ベートーヴェンのいわゆる古典派時代によく使われた調。ゆったりした感じを出す。柔和な輝かしさ、静かで冥想的なところもある。ベートーヴェンの第四交響曲、シューベルトの「アヴェ・マリア」「さすらい人の夜の歌」"Wanderers Nachtlied"、シューマンの交響曲「春」「二人の擲弾兵」"Die beiden Grenadiere"。

ロ長調：積極的になると、大胆な誇りを表わし、消極的になると清潔な純粋さを示す。精力的なこともある。ベートーヴェンのピアノ協奏曲「皇帝」の第2楽章、ショパンの前奏曲第11番 (Op. 28-11)、ブラームスのピアノ三重奏曲 (Op. 8)。

ハ短調：柔和の中に、真剣な情熱を持つ。悲劇的な力、超自然的な感情、激烈な熱情。ベートーヴェン、ブラームスの特に好んだ調。ベートーヴェンの第三ピアノ協奏曲 (Op. 37)、第五交響曲、「悲愴ソナタ」(Op. 13)、最後のソナタ (Op. 111)、ショパンの夜想曲 (Op. 48-1)、ブラームスの第一交響曲。

嬰ハ短調：もっとも陰暗な調の一つ。残忍、皮肉、悲愴、不気味。ベートーヴェンの「月光ソナタ」、ショパンの悲しげなワルツ (Op. 64-2)、ラフマニノフの前奏曲 (Op. 3-2)。

ニ短調：不安、悲歎、荘厳、崇高。シューマンによると、巨大な力を持つ調。ブラームスの好んだ調。バッハの無伴奏ヴァイオリン・パルティータ第2番のシャコンヌ、オルガンの壮大な「トッカータとフーガ」、ベートーヴェンの第九交響

曲、シューベルトの「死と乙女」弦楽四重奏曲および「セレナード」、ブラームスの「悲劇的序曲」(Op. 81) とピアノ協奏曲第1番 (Op. 15)。

嬰ニ短調：ほとんど使われない。ベルリオーズは緩慢な調と呼んでいる。

変ホ短調：シューマンによると、神秘的な恐怖に満ちた調。もっとも陰暗、もっとも陰気な調の一つ。ショパンの練習曲 (Op. 10 - 6)、前奏曲 (Op. 28 - 14)。

ホ短調：悲歎、悲痛、不安。速い曲では激烈なものとなる。ショパンの好んだ調の一つ。メンデルスゾーンのヴァイオリン協奏曲、ブラームスの第四交響曲、チャイコフスキーの第五交響曲。

ヘ短調：悲惨な調。憂鬱、暗い情熱。ベートーヴェンの「熱情ソナタ」(Op. 57)、ショパンの寂しい練習曲 (Op. 10 - 9)。

嬰ヘ短調：暗く神秘的、妖怪的、同時に情熱的。ショパンの前奏曲第8番 (Op. 28 - 8)、夜想曲 (Op. 48 - 2)、シューマンの「美しき五月に」"Im wunderschönen Monat Mai"。

ト短調：悲しみ、夢のような憂愁の加わった静かな優しさ、真剣な努力などを表わす。ときにはロマン的な高揚を感じさせる。感傷味を、特に効果的に伝える暗い調。18世紀から19世紀にかけて、もっとも好んで使われた調の一つ。バッハのオルガン用の小フーガ、モーツァルトの交響曲第40番 (K. 550)、シューベルトの「魔王」、シューマンの「新緑」"Erstes Grün"。

嬰ト短調：たいして使われないが、非常に陰暗で、しかも音響効果に乏しい。ショパンの前奏曲第12番 (Op. 28 - 12)、練習曲 (Op. 25 - 6)。

変イ短調：ほとんど用いられない。悲愴で心を裂くような効

果を起こす。ベートーヴェンの「葬送ソナタ」(Op. 26) 第3楽章の葬送行進曲。

イ短調：単純素朴な柔らかい悲しみ。もっとも女性的。敬神的な諦めに似た感情も出す。北方民族の静かな憂愁感を表わすのに特に効果がある。ノルウェーのグリーグ（例えば、「ソルヴェイグの歌」「アニトラの踊り」）、フィンランドのシベリウス、ロシアのチャイコフスキーなどにこの調の作品が多い。また、ボレロやユモレスク、その他で見られる東方的な色彩を出すのにも適している。ベートーヴェンの第七交響曲の憂愁な第2楽章、ショパンのワルツ (Op. 34-2)、シューベルトの「辻音楽師」"Der Leiermann"、ベートーヴェンの「エリーゼのために」"Für Elise"、モーツァルトの「トルコ行進曲つきのピアノ・ソナタ」(K. 331) の第1楽章の第3変奏。

変ロ短調：変イ短調とともに、葬送行進曲向きの調。陰暗で憂鬱で悲劇的。シューベルトの切々たる「彼女の肖像」"Ihr Bild"、ショパンの葬送行進曲 (Op. 35の変ロ短調ソナタの第3楽章)、夜想曲 (Op. 9-1)。

ロ短調：非常に暗く憂愁であるが、静かな期待と辛抱強い希望もほのめかす。シューベルトの「未完成交響曲」の第1楽章、チャイコフスキーの「悲愴交響曲」、ブラームスの「永遠の愛について」"Von ewiger Liebe"、「サッフォーの頌歌」"Sapphische Ode"。

*

こういう調色は、もちろんだいたいのものであって、同じ調でも、作曲の具合で、つまりリズム、速度、和声法などで非常に感じが違ってくる。こうして、同じ作曲者の同じ調の二つの作品でも、たがいに全く別な感じを出していることも少なくない。たとえば、ショパンの「華麗なワルツ」(Op.

18) は名の示す通り華やかで色彩的だが、夜想曲 (Op. 9-2) は甘く神秘的で柔和である。しかしともに変ホ長調である。また、それだけに、この二曲に真剣味と悠然さが共通していることも否定できない。

いずれにしても、こういう調色のことを知ると、転調の妙味を一層深く味わえるようになる。たとえば、シューベルトの有名な「魔王」を聴いてみよう。曲は、嵐の夜の馬の疾走を表わすようなピアノの前奏で始まる（暗いト短調）。"馬を駆り、嵐の夜、父と子は乗りゆく"の歌詞がト短調で出て、"乗りゆく"で柔和な変ロ長調となる。"父は子を腕に、抱きしめ、あたたむ"でまた暗いト短調になる（以下略）。

この曲でのシューベルトの転調は、比較的簡単で、関係の深い調の間で行われているが、それでいて、詩の感じと適切に一致している。しかも、子供の叫びは、第1回目はハ短調－ヘ長調、第2回目はト短調－ロ短調、第3回目はイ短調－嬰ハ短調、第4回目は変ロ短調－ト短調のように、段々と高い調に移ってゆき、子供が恐怖におののいていることを示している。また、調が次々と変わっているが、短調が主なので陰暗な気分は一貫していて、さらにト短調が最初と最後の他にも中途で何回か出るので、全体の統一も破れていない。

最後に、調の特性を色彩と結びつけて説明する人もいる。それによると、たとえば、変ホ長調は空色、ハ短調は銀色、ト短調は灰色などといわれている。そして、実際、このシューベルトの「魔王」は灰色の感じだし、ベートーヴェンの「皇帝協奏曲」は青空の感じがする。

第2部　和声の理論

第1章　和音

1. 三和音

　和音というのは、二つまたはそれ以上の音を結合したものである。その中で基礎となり、もっとも重要なものは、三和音である。これは、三つの音でできている。音階の各音の上にこの三和音を作ると、つぎの通りである（ただし、短音階は和音的短音階）。

　この中で、長調のⅠ、Ⅳ、Ⅴ、短調のⅤ、Ⅵは、**根音**（和音の基礎となる最低音）に長三度、短三度と重ねたものである。この和音は、**長三和音**という。長調の基音、下属音および属音の上の三和音はこの長三和音である。

　これに対して、長調のⅡ、Ⅲ、Ⅵと短調のⅠ、Ⅳは、根音の上に短三度と長三度を重ねてできている。この三和音は、短調の基音、下属音の上に作られ、短三度を下にしているので、**短三和音**という。短調の属音上の三和音は、導音を半音上げなければ、短三和音である。

　また、長調のⅦと短調のⅡとⅦは、根音の上に短三度を二つ重ねたものである。したがって、根音と和音の第五度音の音程は、減五度となっている。このため、この三和音は**減三和音**という。

さらに、短調のIIIは根音に二つの長三和音を重ねたもので、根音と第五度音の音程は、増五度である。そこで、この和音は**増三和音**という。

三和音にはこれだけの種類しかない。もちろん、和声的短音階を使わないと、短調の各和音は上の場合と違ってくる。しかし、どう違っても、できた和音は、この四種のどれかになっている。そして、そういう和音は、和声的短音階による和音の変形したものと考えた方が便利なことが少なくないし、和声ではそのようにみなすのが普通である。そこで、長音階と和声的短音階の各音の上の三和音の種類をつぎに掲げるから、それによって、楽譜を見た場合に、長三和音ならどの調の何度の上の和音かをすぐにわかるように練習しておくと、和声を調べるのにきわめて便利である。たとえば、ハ－ホートの長三和音は、ハ長調のIのほかに、いずれかの長調のIVとV、いずれかの短調のVとVIになれるはずである。そして表34から、和音の根音が下属音であるト長調、根音が属音となるヘ長調とヘ短調、根音が下中音となるホ短調で、この和音が現われるということがわかる。

34.

和 音	長 調	短 調
I	長三和音	短三和音
II	短三和音	減三和音
III	短三和音	増三和音
IV	長三和音	短三和音
V	長三和音	長三和音
VI	短三和音	長三和音
VII	減三和音	減三和音

これらの三和音の中で、長と短の三和音は**協和音**または**協和和音**という。それ以外の三和音、およびその他ほとんどす

べての和音は**不協和音**または**不協和和音**という〔26ページ〕。そして、不協和音は必ず、不協和音程を含んでいる。また、長と短の三和音は、完全五度で締められているから、**完全和音**ともいう。

三和音の呼び方や書き方には、上記のⅠ、Ⅱ、Ⅲ、……などのほかにもいろいろあるが、本書では特に注意する以外は、簡単に、このⅠ、Ⅱ、Ⅲ、……の書法を用い、基和音（Ⅰ）、下属和音（Ⅳ）、属和音（Ⅴ）などと呼ぶことにする。

三和音は、その種類ごとにそれぞれ違う効果を出す。まず、長三和音は、豊かで明るく、堂々として安定している。これに対して、短三和音は、やはり豊かで安定的でありながら暗くて寂しい。減三和音は、短三度を重ねただけであって、陰暗で痛々しく、減五度を持つので、不安定である。これに対して、増三和音は、増五度のためにやはり安定感はないが、長三度が重なっているから鋭い輝きを持っている。

2. 七度和音その他

和音には、三和音のほかに、四和音、五和音などがある。しかし、四和音は、根音と最高音が七度の音程をなすので、**七度和音**といい、同じように、五和音は**九度和音**というのが普通である。

35.

この方法で、**十一度和音、十三度和音**もある。しかし、十五度和音というのはない。それは、十五度の音程は八度を二つ加えたものなので、根音と最高音が同名の音となるからである。

七度和音、九度和音はよく用いられるが、十一度和音や十

三度和音は、新しい音楽以外には、あまり使われない。いうまでもなく、これらの和音は、すべて、不協和音であり、不安定である。そして、響きは、音が多いだけに豊かであるが、不協和音程が加わっているので、鋭い。

七度和音には、つぎの七つの種類がある（表36）。これも、和音の響きぐあいと同時に記憶しておくと便利である。

36.

種類	和音の重ね方	長調	短調
1	長三和音に長七度を重ねる	I_7、IV_7	VI_7
2	短三和音に短七度を重ねる	II_7、III_7、VI_7	IV_7
3	長三和音に短七度を重ねる	V_7	V_7
4	短三和音に長七度を重ねる	なし	I_7
5	減三和音に短七度を重ねる	VII_7	II_7
6	増三和音に長七度を重ねる	なし	III_7
7	減三和音に減七度を重ねる	なし	VII_7

このように、七度和音を記すには、調の各度を示すⅠ、Ⅱ、Ⅲ、……に七度和音を意味する7をつけて、I_7、II_7、III_7……のようにする。九度和音、十一度和音でも同じことで、I_9、II_9、II_{11}、III_{11}……などのように書く。

七度和音の中で重要なのは、表36の第三番目の長三和音に短七度を重ねたものと、第七番目の減三和音に減七度を重ねたものである。そして、第三番目の七度和音は、長と短の属音の上にしかないから（V_7）、**属七和音**または略して**属七**といい、調の基音を定めるのに役立つ。

また第七番目の七度和音は、**減七和音**または**減七**といい、やはり調を決めたり暗示したりする〔145ページ〕。

3. 和音の変形

音楽は、だいたい、今まで挙げた和音を基礎にして作られ

ているが、実際にはそれらの和音がそのままの形で使われることはほとんどない。それを変化したり加工したりすると、和音はさらに新しい効果を出し、新鮮な美を生み、豊かな色彩を持つようになる。こういう変形にはいろいろあるが、その主なものは、つぎの通りである。

*

A. **重複**：和音を構成する音に同じ音名の音を重ねることである。たとえば、例37のBの和音は、Aの三和音から重複によってできたものである。

この場合に、普通、導音は重複しない。導音は不安定な音で基音に向かう傾向があるので、重複したとすると、後に述べるように、並行八度といって、悪い効果ができるのである。また、重複にもっとも適する音は、基音、下属音、属音であり、一般に、短三和音の三度の音、および不協和音の不協和をなす高い方の音（たとえば、ハ-ホ-ト-ロではロ）は重複しないことが多い。

B. **省略**：和音を作る音のどれかを省略すること。例38のBはAの省略和音である。

三和音では、第五度音を省略するのが普通である。根音を省略すると、元来どの三和音なのかわからなくなるし、第三度を省略すると、その和音が長三和音なのか短三和音なのかわからなくなることがある。七度和音では、一般に、中間の第三度または第五度を省略する。

C. **転回**：和音の根音を最低音にするのでなく、第三度音や第五度音などを最低音とすること。例39のBはAの転回である。

　三和音は、第三度音を最低音にする第一転回と第五度音を最低音にする第二転回を持っている。そして、根を最低音とする形を、**原形式**または**根形式**という。七度和音には、三種の転回がある。

D. **開離**：和音をなす音の間を開き離すこと。たとえば、例40のBはすべて、Aの開離した形である。

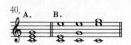

E. **分散**：和音の音を同時に鳴らすのではなくて、別々に出すこと。例41のBはAの分散した形である。

F. **和声外の音の挿入**：和音の構成音以外の音をこの和音に加えることである（例42★印の音）。

　これにはいろいろの種類があり〔75～101ページ、その他〕、各々の名称も複雑である。

G. **和音の変化**：和音をなす音のいくつかを半音階的に変化させる。例43のBはAを変化させたものである。

第2部 和声の理論 55

和音の変形には、このほかにも、協和音程を加えたり、不協和音程をつけたりする付加の方法もある。

いうまでもなく、実際の音楽は、こういういろいろの変形法をさらにいくつか同時に用いて、複雑な効果を出しているのである。したがって、ある音の結合をみて、どの和音の変形したものかを知っておくことが大切である。たとえば、例44のAはそれぞれBの和音を変形して並べたものである。

そして、Bだけではつまらない響きしか出さないが、Aのようになると、音楽的な、美しいものになる。作曲家の大きな苦心は、和音の選択とその変形法にある。

4. 和音の進行

和音が進行すると**和声**が生ずる。和音が進行するというのは、一つの和音からつぎの和音へと進むことである。一つの和音だけでは、いくら豊かだとか安定した効果があるとかいっても、旋律の中の一つの音のようなもので、まとまった意味を持たないし、変化に富む色彩も出さない。この進行の方法を説明するのが和声学とか和声法とか呼ばれているものである。

和音が進行する場合に、その各個の和音が開離〔54ページ〕していて、和音の音が広くひろがっているものと、そうでないものがある。開離している場合を**開放和声**といい、そうでない場合を、**密集和声**という。開放和声は、バス以外の上声部が八度以上に及ぶもので、優和な美や華やかな色彩を出す。混声合唱は、たいてい、この開放和声である。また、管弦楽で盛り上がるような力や低音から高音にわたった多様な色彩を出すところでも、この開放和声が使われている。密

集和声は、まとまった、意味の強い表現に適し、男声または女声だけの合唱、あるいは管弦楽でヴァイオリンとクラリネットやフルートなどが合奏するところなどで見受けられる。例45のaは開放和声、bは密集和声の例である。

　和音の進行でもっとも大切なのは、その進行がきわめて自然で円滑で無理がないということである。そのために、二つの続く和音が少なくとも一つの音を共通に持っている場合の進行が一番いいわけである。Ⅰ-Ⅴ、Ⅳ-Ⅰなどはその例で、さかんに使われる進行である（例46）。

　和音は、調のように、みなたがいに関係している。その関係の具合は、調の場合と全く同じで共通音が多いほど関係が深い。

　例えば、ハ長調のⅠ（ハ-ホ-ト）は
　　　　ハ長調のⅤ（ト-ロ-ニ）＝ト長調のⅠ、
　　　　ハ長調のⅣ（ヘ-イ-ハ）＝ヘ長調のⅠ、
　　　　ハ長調のⅥ（イ-ハ-ホ）＝イ短調のⅠ、
　　　　ハ長調のⅢ（ホ-ト-ロ）＝ホ短調のⅠ、

　　　　　ハ短調のI（ハ-変ホ-ト）
などと密接に関係している。このように、和音の進行は、関係の深い和音の間ほど円滑で自然である。

　しかし、こういう進行だけを用いたのでは、曲は単調になる。これに変化を与えるには、七度和音その他の不協和音を加えて鋭さを増したり、和音をいろいろと変形して色彩を多様にしたり、関係の薄い和音を挿入して緊張を起こしたりする。しかし、そうかといって、こういう和音の進行ばかりを使うと、曲は、鋭いとがったものになったり、朦朧として漠然としたものになったり、不安定で騒々しくなったりする。この両方の進行を適当に上手に使うと、多様な美しい効果がでる。

5. 声部の進行

　声部の進行というのは、和音が進行するときに、和音の各構成音が横に進んで行くこと、つまり、和音でできた各声部の歩みのことである。和音の進行は、垂直なものが横に進むことであるが、声部の進行は、その垂直なものの各部分が横に進むことである。その声部は普通、高い方の声部から、ソプラノ、アルト、テノール、バスなどのように、人間の声と対応して呼ばれる。

　声部の進行も、自然的でなめらかなことを第一条件とする。そして、さらに、旋律の進行上から見ても〔244ページ以下〕、各声部が面白くなっていることが大切である。声部の進行法には、つぎの三つの種類がある。

　　　　　　　　　　　＊

A. 並行進行：二つまたはそれ以上の声部が同じ方向に進むもので、上行の並行（例47a）と下行の並行（例47b）の他に、停滞（水平）の並行（例47c）とがある。

第2部　和声の理論　59

　並行進行は、旋律を豊かにして目立たせるが、あまり長く続くと、二つの声部の独立性がなくなってしまう。和声的な音楽では、こういう並行進行は、さかんに使われるが（例48a）、対位法的な曲〔279ページ以下〕では、

声部の独立性を重んじるので、この種の進行は長く続かず、せいぜい数小節続くくらいのものである（例48b）。
B. 反進行：二つの声部がたがいに反対の方向に進むことである（例49）。

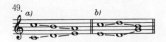

C. 斜進行：一つの声部が同じ音に止まっているのに対して、他の声部が上行または下行して動くもの（例50）。

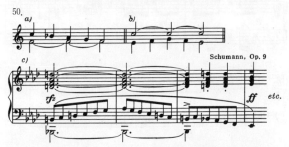

実際の和声では、これらの進行が入り乱れて使われる。

声部の進行の中で重要なものに並行五度、並行八度というものがある。これは、二つの声部が完全五度または八度の音程を保ちながら並行することであり、16世紀から19世紀頃までの音楽では使われないことになっていた。この進行がなぜいけなかったかという理由は、結局今でもまだはっきりしたことがわからない。しかし、この種の進行は、その時代に全然使われなかったのでなく、音楽の構成上、内容上からみてどうしても必要なときには用いられていた。だがそういうことはむしろまれで、その時代に見られる並行五度や八度

第2部 和声の理論 61

は、たいていは作曲者のちょっとした不注意によるものが多いようである。実際、フックス、ラモー、リーマンなどの立派な理論家がその和声または対位法の著書で並行五度を禁止しながら、その同じ本の中でこの進行を使っているくらいな

のだから、作曲家が不注意でその進行を置いたと考えられないこともないのである（例51）。

　もちろん、これらの進行に理屈をつけて、こうなっているからこの進行は不快でないと説く人も少なくない。そして、どういう場合の並行はいいとか悪いとかを説明しているのが普通である。しかし、そういう説明よりもむしろ、大作曲家の例をたくさん調べて、それから独自の見解を決める方がずっと自分のためになる。並行五度の種々な色彩や効果を知るのにそれ以上の手段はない。

　たとえば、近代音楽は別として〔192ページ以下〕、つぎの三つの例は、いずれも興奮した気分、感情、情景を示すために書かれたものである。例52aは、モンテヴェルディのオペラ「アリアンナ」"Arianna"の中の見捨てられた女主人公の哀切な悲歌の一部で、アリアンナが死を憧れ、興奮するのを描いている。bはシューベルトの「遠い国にて」という切々たる歌曲の中にあるもので、半音階的な並行五度と八度

とによって、恐怖の戦慄を表わし、cは、グノーのオペラ「ファウスト」"Faust"の終わりのところで、興奮した群集を描写している。

　並行五度や八度に似たものに、**隠伏五度と八度**というものもある。これは、二つの声部が五度または八度以内の音程から五度または八度に並行して進むことである。この進行は、ソプラノとバスのように外声部の間では、並行五度あるいは八度と同じような効果を出すとして、あまり使われなかった（例53のように音を補ってみるとよい）。

　最後に、並行八度は、バスや旋律を目立たせるために使うこともある。この場合には、重複した声部は、一つの声部としての働きをする。たとえば、例52bのバスの重複はそういうものである。

第2部 和声の理論

第2章 和声的リズム

　和音が進行すると、和声が生ずる。その場合に、和音の変わり方の速さ、つまり同じ和音がどこまで続くかによって、リズムが生れる。このリズムを**和声的リズム**という。リズムには、このほかに、音の強さと長さによる旋律的なリズムもある。普通にリズムといっているのは、この**旋律的リズム**のことである。例54aの旋律的リズムはbであるが、和声的リズムは、ローマ数字で示したように、cである。

　いうまでもなく、旋律的リズムと和声的リズムとが一致していることもある。また、上例と逆に、旋律的リズムは簡単であるが、和声的リズムがきわめて複雑なこともある。

和声的リズムが変化に富むときには、音楽は、落ち着かない忙しげなものとなりがちである。特に、速いテンポの曲ではそうである（例55）。

これに対して、和声的リズムがゆるやかだと、広闊でゆったりした印象を与える（例56）。

しかしまた、長い間和声的リズムの変化がないこともある。そういう場合は、**静止和声**ともいう。ヴァーグナーの楽劇「ラインの黄金」の前奏曲では、変ホ長調の和音が、136小節のモデラートの速度の全曲にわたって、不変な和声的背景となっている。また、つぎのベートーヴェンの例57も、こ

第2部　和声の理論　67

の静止和声を使っている。こういう曲では、感情は温和で、気分が単調となりやすいので、作曲家は、力性、速度、楽器用法などで新しい変化を出すようにするのが普通である。

和声的リズムは、多くのものによって左右される。その第一の要素は、速度である。だいたいから見て速度と和声的リズムの関係はつぎのようにいうことができよう。

(1) アレグロあるいはそれ以上の速い曲では、1小節または2〜3小節に一つの同じ和音を続ける（例58a）。

(2) アレグレットくらいの曲では、1小節に二つくらいの違う和音を置く（例58b）。

(3) アンダンテくらいの曲では、各拍ごとに違う和音を置く（例58c）。

(4) ラルゴやアダージョでは、八分音符または十六分音符くらいまでのほとんど各音ごとに違う和音を置く（例58d）。

和声的リズムを決定する第二の要素は、旋律的リズムである。たとえば、旋律の長い音には、たいてい、同一和音が当てられている。また、不協和音は、多くの場合、弱拍に置かれ、それに強拍の協和音が続いている。また、終止法と呼ばれる多くの重要な和音の進行も、一般に、弱拍から強拍へと進む〔119ページ、ほか〕。さらに、弱拍の音を sf その他で強くした場合にも、前と別な和音を置くことが多い〔なお、253ページ以下参照〕。

第三に、和声的リズムは、旋律の進行法で決まる。たとえば、旋律の大きい音程の音は、一般に同じ和音の音でできて

第2部 和声の理論 69

いる。しかしまた、転調でなく一時的な変化音は、和声外の音として、和声的リズムの側からは無視される。さらに、切分音や短い音などは、和声外の音となることが少なくない(例59)。以上の他にも、和声的リズムを決定するものはたくさんあるが、そういうものは、和声を研究しているうちに、自然に知られてくるだろう。

第2部 和声の理論

第3章 三和音の進行

これまでに説明した声部の進行と和音の進行の方法に適した、しかももっとも普通に使われる三和音の進行をつぎに一括して示そう。もちろん、根形式〔54ページ〕の場合である。長調の場合でも短調の場合でも、基三和音（Ⅰ）と属三和音（Ⅴ）との結合が一番多く、ついで下属三和音（Ⅳ）が使われる。そして、この三つの和音で、調が判然と確定される。

基三和音（Ⅰ）——長調でも短調でも、ほとんどの和音にも進むが、ⅣかⅤへ進むのがもっとも多い。

上基音三和音（Ⅱ）——長調ではⅤとⅥへ行くのが普通。ときにはⅠ、ⅢまたはⅣ。そして、Ⅰ、Ⅳ、Ⅵに先行される。短調では、根形式はまれ。第一転回形が多く、第二転回形は不協和感が強い。Ⅰ、Ⅳ、Ⅵなどに先行され、Ⅰ、Ⅴに進む。Ⅵ、Ⅳへ行くこともある。

中音三和音（Ⅲ）——長調では、Ⅳ、Ⅰ、ⅤからⅥおよびⅣへ進む。ⅡやⅤは少ない。これは、旋律が基音、導音、下中音と下行する場合によく使われる。短調では、Ⅰ、Ⅳ、Ⅴに先行され、ⅥまたはⅣ、まれにはⅠに進む。

下属三和音（Ⅳ）——Ⅲ（長調）以外のどの和音へも進む。しかし、Ⅰ、Ⅱ、Ⅴへ進むのがもっとも多い。

属三和音（Ⅴ）——ⅠとⅥへ進む。Ⅳへはあまり進まない。ⅡとⅢへもときおり進む。

下中音三和音（Ⅵ）——ほとんどすべての和音へ進む。そして、基三和音の代わりをする（特に第一転回で）。しかし、ⅡとⅤがもっとも多く、ついでⅢと

IV。Iへの進行は少ない。そして、どの三和音にも続く。

導音三和音（VII）——根形式での使用は少なく、第一転回形が多い。I、VI、IV、IIへ進むのが普通で、ときにはIIIやV_7にも行く。先行和音は、I、II、IVなど。

つぎに、こういう和音の進行の実例を挙げよう。例60aのショパンのノクターンは、少数の種類の和音だけを使って、落ち着いた美しい効果を出している優れた例である（例60のV_{11}（IV）のような和音は、IVを基和音と見たV_{11}を意味する。130ページ以下）。

これらの三和音は、基音系と下属音系と属音系に分けられる。基音系には、I、VIが属し、下属音系にはIVとII（特に

第2部 和声の理論　73

これに基音を加えた和音)、属音系にはⅤ、Ⅶ、Ⅲが含まれる。そして、たとえば、Ⅴが使えないような時にⅢやⅦを代理に用いたり、ⅥをⅠの代わりに出したりして、調を維持することが少なくない。しかし、こういう代用品ばかりを用い、ⅤやⅠを使わないと、ときには別の調のような感じを出すことさえもある。つぎのような和音の進行がある時、これは、変ロ長調よりもむしろ自然的短音階を用いたト短調と感じられる（例61）。

このように調を確立するには、ぜひともⅤとⅠ、それからⅣが必要である。そして、それに変化を加えるために、Ⅱ、Ⅲ、Ⅵ、Ⅶおよびその他の和音が使われるのである。

しかし、調の感じを確立するには、実は、基音はたいして必要ではない。むしろ、属和音が一番必要で、それについで下属和音となる。この二つの和音があれば、少しくらいの変化和音や不協和音があっても、調感はたいしてそこなわれない。

つぎのフランクのヴァイオリン・ソナタの例62aでは、基和音がなくても、十分調がはっきりしている。bはケルビーニの「アナクレオン」"Anacréon" 序曲の一例であるが、やはりニ短調と確実に感じられる。

なお、ここで、Ⅴ（Ⅲ）のように書いた和音は、前にも述べたように、カッコの中の和音を基音と見た場合の和音を

意味する〔72ページ〕。したがって、V（Ⅲ）は、Ⅲを基和音としたその属和音のことで、Ⅳ（Ⅳ）はⅣを基和音としたその下属和音である。

さて、上のように、下属和音（Ⅱも含む）から属和音へ行く進行は、必ず一つの調を決定する。また、V-Ⅵの進行も、調を強く暗示する。このV-Ⅵの進行は、属調のⅠ-Ⅱの進行と一致するが、Ⅰ-Ⅱはきわめてまれな進行である（例62aのフランクの場合）。こういう進行にさらに基音系の和音やⅢを加えると、もはや完全に調が安定したものとなる。そして、これらの進行が、いわば音楽の和声の母体をなしているのであって、いろいろに変形され、他の和音もその間に挿入したりして、何回となく曲の進行中に現われるのである。

第4章 和声外の音

　和声外の音には、いろいろな種類がある。しかし、それはだいたい、つぎの7通りに分類できる。そして、いうまでもなく、これらのある種の和声外の音は、他の和声外の音と同時に現われることもあり、またある和声外の音がどの種類のものか、はっきりわからないこともあって、この研究はかなり複雑である。

1. 経過音

　一つの和音からつぎの和音に進行するとき、ある声部の進行を全音階的または半音階的に埋める音が経過音である（例63の＋印の音）。

　このように、経過音は同一和音の間でも（例63a、b）、また違う和音の間（c、d）でも現われる。

　経過音は、強拍部でも弱拍部でもどこでも現われ、外声部でも内声部でも旋律にも使われる。この音は、アクセントを持たないので、強拍部にあっても、なめらかな感じを与える

(例64a)。特にアクセントを付けると、経過音は、3.で述べる倚音(いおん)と同じものになることがある。また、短調では、下中音と導音が旋律的音階の音であれば、この二つの音を経過音とすることが少なくない（例64bのN.B.の箇所）。

2. 補助音

補助音は、変換音とか変化音ともいい、和音の構成音の二度上または下に動いて、もとの音に帰る音である（例64b×印の音、および例65×印の音）。そして、リズムの上では弱

いので、装飾音のような感じを出す。事実、多くの装飾音も、この補助音を用いている（例65b）。

補助音も、どの声部でも使われ、二、三の声部に同時に現われることもある。また、補助音がもとの音に帰るとき、和声は前と別になることもある（例66）。

補助音は、主要音から二度上または下へ行ってこの主要音に帰る音であるが、その場合の二度の種類（長または短）と

上行と下行については、おおよそつぎのことがいえる。
(1) 声部の大きい線が上行するときには、下方補助音、下行するときには上方補助音が使われる（例67）。
(2) 上方補助音は、一般にそのときの調の音をとる。これに対し、下方補助音は、調の音と一致することもあるが、普通、主要音より半音低く下行する。この場合には、音階の導音のような効果が出て、進行もなめらかで

ある（例68）。

さらに、上方補助音と下方補助音が相続いて使われることもあれば（例69a）、そのときに中間の主要音を省略して、補助音が他の補助音に三度で移ることもあるし（例69b）、また、補助音を反復することもある（例69c）。

3. 倚音

和声外の音はすべて、リズムの上で弱いが、ここにただ一つの例外がある。それは倚音である。倚音は、強勢経過音ともいい、名前の示す通り、この音を含む和音に強く倚りかかっているアクセントのある経過音である（例68の○印の音）。倚音は、普通、下行して和声音に達する。そして、この和声音は、倚音の**解決音**という。倚音もまた、どの声部にも現われるが、特に上声部以外にあるときには、倚音と結合してできた和音は、普通、解決音を同時に他の声部に含まないことになっている。そのわけは、倚音の性格が弱まり、不協和が強まるからである。たとえば、例70のAのようにせず、Bのようにする（○印が倚音）。

また、下方からの倚音は珍しいが、それが使われるときには、一般に、下方補助音のように、半音上げて導音風に解決音に達する（例71a）。さらに倚音は、やはり他の和声外の音と同じく、他の声部で同時に現われ、一種の経過的な和音を作ることもあるし、和声音やその他の和声外の音と一緒になって、和音に似たものとなることもある（例71b）。

倚音が前後の音とくらべて長い音のときには、倚音の不協和にリズムの面で重みが加わって、さらに独特な効果が出る。これは、ブラームスの特に好んだ方法である（例72）。

この例では、倚音は長い上に、前の音から飛躍して達せられている（たとえば、aの第2小節の嬰イは前の小節の嬰への音から）。このために、この倚音は、旋律的に一層目立った音となるのである。特に、この方法でつぎのように、短調で半音下げた導音が属和音（V_9）の倚音となって、下中音に解決するときには、減八度の音が生れて、鋭い感じが出る（例73）。

しかしまた、倚音は、予備されることもある。すなわち、

第2部 和声の理論 81

倚音の前に同じ音が来ることもある。この予備音は、倚音のリズム上の存在を目立たすために、一般に倚音より長い音ではない。また、この予備音は、和声音のこともあるが、単独で出て和声外の音の先行音〔89ページ〕のような形をとることもある（例74）。

ときには、倚音は一つだけの音でなく、二つか三つ続いて出ることもある。これは、倚音の解決を遅らせたものとも見ることができる（例75）。

4. 掛留音

掛留音というのは、文字通り、和音をなす音がその他の和音まで延長保持されることである。したがって、掛留音は和声的リズムから見て弱い音であるが、一方、他の声部の音はその箇所で、リズムの面で強い音になっている。つまり、掛留音の声部の旋律的リズムは、和声的リズムと違うのである（旋律的リズムでは強-弱〈長-短〉、和声的リズムでは弱-強）。

さらに、掛留音では、強拍で不協和音が生じ、それが弱拍で協和音程に解決される。以上の二つが掛留音の効果で著しい特徴である（例76susp.がこの音を示す）。

掛留音の前の音は、この音と同じ高さで、タイ（連結線）

で結ばれる。この音を予備という。掛留音に続く和声音は解決音である。そして、掛留音は、どの声部にも現われるし、二、三の声部で同時に出ることもある。予備と掛留音がタイで結ばれていないときには、事実上、予備を持った倚音と同じものになる（例74）。また、予備音は和声音のこともあるが、ときには和声外の先行音のようなもののこともある（例77b）。そして、予備音が掛留音より短いときにも、やはり先行音を持った倚音のような効果となる。

　掛留音は、一般に解決音の半分またはそれ以上の長さの音である。それ以下のときも、やはり倚音のような感じのものとなる（例78）。

　掛留音は、上のいくつかの例のように、普通、そのときの音階の二度下の音に解決される。解決音は、倚音のときと同

じく、和音で重複されることが少ない。しかしまた、掛留音は上方に解決されることもある。特に、導音または半音上げた音のときには、そういう解決は、なめらかで自然な感じのものとなる（例79）。つぎの79bの第4小節のロの音は、タイで結ばれてないが、明らかに倚音と別の性質の効果を出す。

第2部 和声の理論 85

すなわち、その解決音ハに強勢の指定があるので、このロは強拍部にあっても、ハの音とくらべてハの音より弱いアクセントを持つからである。したがって、倚音よりもむしろ、タイのない一種の掛留音と感じられる。

予備は、ときには、掛留音と同じ声部になく、前の和音の他の声部にあることもある。特にこの方法は、ソプラノの掛留音でよく使われる。こういう場合、これを七度または九度和音と見ることも少なくない。しかし、予備のない掛留は、実は倚音と完全に同じ性質のものとなるのである。

掛留音は原則として、つぎの音ですぐ、その和音の音に解決されるが、ときにはそういうように即座に解決しないこともかなり多い。実際、こういう例外で、曲が新鮮な効果を上げることが少なくないのである。

その主なものを述べてみると、

(1) 掛留中に和音を変えること。例80aでは、旋律だけを見ると、掛留音ホとニは、それぞれ解決音ニとハに進んでいるので原則的であるが、和声は掛留の間に変化して、解決音は別の和音の構成音となっている。このように和音がどう変化しても、必ず掛留音は解決されていることには注意が必要。こういう掛留がさらに長くなってbのようになると、掛留は事実上、持続音〔91ページ〕のような感じを与える。しかし、そのソプラノは、やは

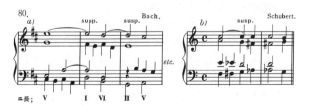

り掛留の解決法にしたがっている。
(2) 掛留音と解決音の間に他の音を挿入して、解決を遅らせること。これは、一種の装飾的な解決である。この場合にも、必ず、装飾音に続いて解決音が出る。装飾的な挿入音は、経過音、補助音、和声音、およびつぎの項で説明する挿入転換音（例81aの場合）である。

(3) まれにではあるが、解決音を掛留音と別の声部に移すことがある。この方法は、ロマン派時代以後から近代音楽で見られる。ちょっと複雑な効果を出し、解決の期待を裏切ったような感じを持っている。

また、同じように珍しい解決法として、二度下行する代わりに、七度下行することもある。特に、掛留音が下中音のときには、七度下行して導音に解決する方法がときおり見受けられる。

5. 挿入転換音

挿入転換音というのは、ある音から他の音に二度上行、または下行するときに挿入される音で、つぎの二種がある。そして、いずれも、和声外の音でなくなっていることが少なくない。リズムの上では、ともに弱い。

第一種：元来の主要音の進行方向と逆に二度進むもの。これはエシャッペ（échappée）と呼ばれる。逃走という意味のフランス語であって、主要音の進行から逆方向に脱け出していることを暗示している。

第二種：主要音の進行と同じ方向に、しかし三度飛躍して進むもの。これは、カンビアータ（cambiata）ともいう（なお、この語は交換するというイタリア語に由来している。例82）。

この二種の音は、掛留の解決ばかりでなく、後に述べる不協和音の解決でも挿入に使われるほかに、導音から基音というような特性的な進行を変形する場合にも、また変奏曲や展開で旋律の形を変えるときにもさかんに用いられる。

さらに、エシャッペは、主要音が二度以上の音程で進むときにも使われることがある（例83a）。また、カンビアータも、二度より大きい音程の間に使われることがある（例

83b)。いうまでもなく、この場合でも、これらの二種の挿入転換音は、経過音や補助音、その他の和声外の音と一緒になって、美しい旋律を作り出す（例83c、d）。

6. 先行音

先行音は、文字通り、つぎに来る和音の音をその和音に先行させたものである（例84のant.の音）。この音もリズムに弱く、つぎの和音とはタイで結ばれていないことが多いが、ときには例85dのように、タイを持っていることもある。

上の例からわかるように、先行音はいささか不自然な感じを出すだけあって、用い方いかんによって面白いものになる。そして、ソプラノに出ることが一番多い。先行音は、普通、それにつづく和音の長さの半分以上の長い音であることはない（たとえば、上の例84bでは、先行音は16分音符、和声音は2分音符である）。半分以上だと、和声外の音よりもむしろ不協和音の一要素と感じられ、リズムも落ち着かなくなるからである。

バッハは、この先行音をいろいろな効果のために使用し

た。たとえば、例85aは、旋律の緊張感を高めるのに役立っているし、bは曲の終末を安定させる効果を持ち、cは各声部の進行をなめらかにするためで、dはタイを持った先行音を置き、先行音にアクセントを与えて、とぎれとぎれの切分音の感じを出している。こういうタイの先行音は、テンポの速い曲では、ときどき見られる。先行音の効果は、このバッハの例で十分に研究するとよい。

なお、切分音〔231ページ以下〕は、上例dのように先行音

によるものか、例80のように掛留によるものか、あるいは和声音によるものかで生ずる。

7. 持続音

持続音（保続音）は、ペダル・ポイント（pedal point）、オーガン・ポイント（organ point）、あるいはオルゲルプンクト（Orgelpunkt）などともいい、ある音を和声に関係なくしばらくの間持続させるものである。この名前は、パイプ・オルガンの足のペダルから生まれた。

持続音は、一般に、和声の混乱を避けるため、基音か属音かである。持続音の長さは、別に制限がなく、1小節か2小節程度のこともあれば、全曲にわたっていることもある（シューベルトの「辻音楽師」）。

持続音があるときには、和声の進行は、持続音を除外して考える。たとえば、例86aは、実際は4声部の曲であるが、和声進行上では2声部と考えるのである。

持続音は、これまでの和声外の音のように装飾的な役をするよりも、むしろ和声を豊かにするためのもので、バスに現われることが一番多い。しかし、また内声部やソプラノにあることもある。さらに、二つの声部で（特にバスとテノールで）同時に出ることもある。この場合は、八度をなしているか（例86aのはじめの2小節）、あるいは基音と属音の持続音の重複であることが普通である（例86b）。

持続音は、和声音で始まり和声音で終わるのが通例である。そして、一般に、強拍部で現われ始める。特に、長い持続音のときはそうである。

前例86aでは、持続音はタイで結ばれ、bでは長い音で繰り返されていて、実際上"持続"しているが、持続音には、短い音を反復するものもあれば、他の音を挿入しているものもあり、また、断続的なものもある（例87）。

持続音は、用い方によって、いろいろな効果を出す。17～18世紀頃には、曲の頂点を築くために、この持続音を用いたことが少なくなかった。そのために、特に、曲の終わりの方にはこれを置いて全曲の頂点を柔らかく作り上げ、それ

第2部 和声の理論 93

と同時に、曲の終末感も出すようにすることが少なくなかった。そういう終末の部分では、一般に、基音の持続音が使われるが、属音の持続音も使う時には、これを先に出してそこに頂点を置き、その後に基音の持続音を置いて、対立した効果を出すようにしている（例88）。

しかし、ときには曲の最初に持続音を置いて、柔らかい感じを出すこともある。ベートーヴェンの「田園」といわれるピアノ・ソナタ（ニ長調、Op. 28、例89a）はそのもっともいい例である。持続音は、このように田園的な温和な感じを出すことが多いが、ときには例87bのように、激しい効果を生むこともある。しかしまた、同じくベートーヴェンの第五交響曲の第3楽章の終わりのように、はじめは柔らかく、次第に緊張を強め、圧倒するような力を出すこともある。この

第2部　和声の理論　　95

曲では、こうして高まった力で、休みなく第3楽章からすぐに第4楽章が始まる。さらに、ブラームスは「ドイツ・レクィエム」で、基音の持続音の上に素晴らしいフーガ〔349ページ以下〕を作り、合唱と管弦楽で世の騒ぎと不安、および確固たる信仰を表わし、低音の持続音で神の御手による安静と平和を表現した（例89b）。

　持続音の田園的効果は、基音と属音を同時に使うと、さらに倍加される。ミュゼット（musette）と呼ばれる曲や"田園風"とか"牧歌風"とかの題を持つ曲は、たいてい、この

種の持続音を持っている。ベートーヴェンの「田園」交響曲の第1楽章と第4楽章の冒頭にも、そういう持続音がある(例90)。

持続音の中には、ときには、上述のように、基音や属音でないものもある。たとえば、中音の持続音はときおり見られる。この音は、基音と属音と並んで基三和音の構成音であり、しかも旋律的に不活発な音だからである〔244ページ〕。しかし、この持続音は、どちらかというと、長調よりも短調のときの方が多い。そしてほとんど常に、バスにある。この

持続音はロマン派時代以後によく使われた（例91）。

持続音には、そのほかにも、下属音のものもある。シューマンのピアノ曲「夜の曲」"Nachtstücke"にはその例があり、ニ短調の下属音を持続音としている。また、次例92は、ソプラノに基音（ホの音）、バスに下中音（ハの音）の二重持続音を持っている。

また、短い持続音、特に三つの和音にわたるものでは、基音や属音をはじめとしてあらゆる音が使われる。この種の持続音は、弱拍部で始まることも多く、また最低音部ばかりでなく、最高声部や中声部に現われることも少なくない。

近代の音楽では、二つの同時の持続音から進んで、三つの音を、したがって一つの和音を持続させることも少なくない。この持続音の使用が、いわゆる多調音楽の発達の一因であると考えられないこともない。この持続音は、分散し〔54ページ〕、ときには和声外の音も加えた形として、反復されることもある。確かに、持続和音があると、効果は複雑で、特に調性感は漠然としてくる（例93）。

和声外の音は、だいたい、以上の通りである。こうして、音楽は、比較的簡単な和音の進行に和声外の音を加えて、面白い複雑なものになっているのである。たとえば I –IV– II –V₇– I – II – I – V の和音の進行を基礎にしても、いろいろな非和声音の加え方で、例94a、bなどのように種々の効果のものができ、色彩が違ってくるのである（○、+、×印な

第2部　和声の理論　99

どの記号は前と同様)。

　和声外の音が同時に現われると、和音と同じ形のものになることが少なくない。例93の持続和音もその例であるが、掛留音、経過音、先行音などでも、そういう場合がある。しかし、それは"外観上"だけのことで、実際は和声外の音のような働きをするのである。したがって、これらの音は、和音のように見えても、和声外の音として取り扱わなければならない（例95）。

　しかし、そうはいうものの、そういう場合、たとえば先行

和音なのか、実際の和音なのかなどを決定するのは、多くの場合むずかしいし、またときには不可能なことさえもある。

　さらに、上で挙げた各種の和声外の音をいろいろな作曲家の曲で研究すると、作曲家の個性的な技巧を知るのに役立つし、多くの有益なことも発見できる。そして、和声外の音の実体をくわしく理解すれば、和声を見ることは非常に容易になる。

第5章 三和音の転回

1. 第一転回

　三和音の第一転回〔54ページ〕は、最低音（バス）と根形式〔54ページ〕の和音の第五度との間が三度、根との間が六度となっているので、三六度の和音というが、一般には、略して、**六度の和音**とか**六の和音**とか呼ぶ。そして、I$_6$、II$_6$、III$_6$……などと記す。この和音は、根形式の時よりも軽快で、落ち着かない。したがって、同じ和音が二つ続くときに、一方の和音を六の和音とすると、ぐっと変化が出る。また、ソプラノと同時にバスの旋律的な進行を平滑にするために使われることも多い。たとえば、次例96aでI–IVの進行を根形式で行なうよりも、bのようにI$_6$–IVと転回を採用した方がはるかになめらかになる。この方法で、外声部をはじめとして、ほとんどすべての声部を音階的に進行させて、自然な和声を作っていることがよく見受けられる。このように、根形式と六の和音の連結の場合には、一般に、ソプラノとバスが反進行をし、内声部はソプラノと並行進行する（例96b）。しかし、ときにはソプラノとバスが反進行をすることもある。特に、I–II$_6$–V、III$_6$–VI、VI$_6$–Vなどでは、こういう進行をすることが少なくない（例96c以下）。

　さらに進んで、いくつかの六の和音を続けると、特にバスが音階的に順次に動くときには、きわめて優雅で上品な効果

がでる。実際、この種の用法が六の和音の進行ではもっとも重要であり、またもっとも数多いのである（例97）。

また、六の和音は、同じバスの根形式の和音と結合して、一種の倚音、またはその解決のような効果を出すこともある（例98a, b）。それから、他の和音に進む補助音や経過音のような役をすることもある（同c, d）。

第2部 和声の理論　105

　六の和音でもっとも多く使われるのは、I_6である（例99）。この進行では、特に、I_6-II_6-V；$I-I_6-IV$；$IV-I_6-V$；$V-I_6-VI$などが多い（ただし、VはV_7、VII、VII_7などになっていることがある）。

II_6は、前に述べたようにバスの平滑な進行のために使われる。この進行は、また、下属音のバスから属音に進むので、終止法〔119ページ以下〕を強めるのにも役立つ。また$I-II$が、あまり用いられないので〔71ページ〕、その代わりとしての$I-II_6$もよく使われる。短調では、減三和音のIIよりも、その六の和音の方がさかんに使用される。短調のIIは、V_9またはVII_7の変形と考えられるので、このII_6に長三和音のIが先行し、いわゆる短調的長音階を表わすことも少なくない〔20ページ〕。こうして、II_6の進行の主なものには、つぎのものがある（ただし、Vの代わりにI_4^6のことも多い）。

　（I）$-II_6-V-I$；I（長三和音）$-II_6$（短調）$-V$；VI（またはIV_6）$-II_6-I$（またはV）（例100）。

　III_6は、I_6やII_6のように他の和音と独立して使われることが少なく、前にも述べたように、Vと同じバスの音を取って経過的な、あるいは倚音風のものとなることが多い。しか

し、また、バスを音階的に進ませるのに使うこともときにはある（特に、旋律が基音から導音、下中音と下行するとき）。この場合にはIII₆のバスは属音であるから、つぎの和音は下属音または下中音をバスにしている（例97e）。特に、III₆にVIがつづくときには、III₆は中音を重複して、VIの属和音、すなわちV（VI）のような働きをすることがある。つまり、ハ長調でいうと、III₆はイ短調（ハ長調のVIの調）の属和音（旋律的）となる。同じように、この和音は、IIIよりも

属音的な強い効果を持つので、V−Ⅰの代用としてⅠに先行することもある。また、短調では、Ⅲは増三和音で、Ⅲ₆も独特な色彩を持っている。そして、普通、基、属和音その他に先行、ⅥまたはⅣ₆へ進む。したがって、Ⅲ₆の進行の主なものはつぎの通りである（例101）。

Ⅲ₆−V−Ⅰ；Ⅲ₆−Ⅰ−Ⅳ；Ⅲ₆−Ⅵ−Ⅱ₆（以上長調）、
Ⅲ₆−V−Ⅵ；Ⅰ−Ⅲ₆−Ⅵ；V−Ⅲ₆−Ⅳ₆；Ⅲ；
Ⅳ−Ⅲ₆−Ⅵ（以上短調）。

いずれにしても、このⅢ₆は、属和音の代用品のような意味しか持たず、頻繁に使われる和音ではない。

Ⅳ₆は、Ⅰ、Ⅰ₆、V、V₆の前後に使われることがもっとも多い。これは下属和音の根形式では重すぎる場合に、下属和音の効果を保持させ、しかも軽快さを出し、バスをなめらかにするのに適する。V−Ⅳ₆のときは、Ⅵの効果的な代理をする。重要な進行はつぎの通り（例102）。

Ⅰ−V−Ⅳ₆；Ⅳ₆−V（−Ⅰ₆）；Ⅰ−Ⅳ₆−Ⅰ₆（またはⅠ₄⁶）。

V₆は、バスが導音であるため、和声進行を和らげなが

ら、バスの旋律的な進行を目立たせるのに役立つ。導音は普通、基音に上行するから、V_6–Ⅰ の進行がもっとも多い。導音が下中音に下行するときには、V_6–IV_6 が使われる。短調の場合、この下行では、旋律的短音階にしたがうことが多く、すると、V_6 のバスは、半音下げた導音となる（例97d）。普通の進行は、

Ⅰ–V_6–Ⅰ ； V_6–IV_6–Ⅰ ； Ⅰ–V_6–IV_6（長短共通）。

ただし、IV_6 はⅥとなることもある（例103）。

VI_6 は、III_6 のように非独立的であるが、III_6 が属和音の代用になる代わりに、VI_6 は基和音の代理となる。そして、やはり III_6 のように、同じバスの和音、すなわち基和音と結合されることが多い。また、VI_6–V_6 というバス下行の結合も少なくない（例104）。

VI₆-I-V；VI₆-V₆-I （長短共通）。

最後に、VII₆は、長短両調とも、主として、I-VII₆-I₆またはその逆の進行に使われ、一種の経過和音のような効果を出す。しかし、減三和音という不協和音なので、こういう進行では、前後の基和音の和声的効果を弱めるより、むしろ強化する。ときには、経過和音風でなく目立たせて用いられる。すると、属和音、特に属七和音の転回に似た色彩を出す。このため、VIIとその転回を属七の不完全形と見ることが少なくない。普通の進行はつぎの通り（例105）。

I-VII₆-I₆-（IV）；I₆-VII₆-I；VII₆-I₆-II₆-V。

2. 第二転回

三和音の第二転回では各音がバスから四度と六度の音程をなしているので、この転回形は、I_4^6、II_4^6……などと記し、四六の和音という。

19世紀中頃までは、この和音の四度は不協和と考えられたので、この和音は、独立的に用いられず、予備と解決に似

たものを伴い、主として、和声の土台を強めるために使われた。このために、四六の和音は、今でも一般に、非独立的な和音として使用することがもっとも多い。そして、四六の和音を六の和音のように続けて置くこと（例97）は少ない。そのわけは、和音の五度がバスで続いて進行し、効果がよくないからである。

四六の和音の用法は、だいたい、つぎの三つに分類できる。

A. バスの共通

四六の和音で一番多い用法は、バスを共通にする他の和音と結合する方法である。しかし、この進行は、効果によってつぎの三種に分けられる。

(1) 終止四六の和音

これは、I_4^6が同じバスの和音、すなわち属和音に進行する場合であって、曲の一部、つまり楽句の終わりで使われる〔119ページ以下〕。しかもこの進行では、一般に、I_4^6の方がリズムの面でVより強い（たとえば、I_4^6が強拍部にある）。この場合のI_4^6は、形の上ではIの第二転回であるが、作用の点では、Vに対する倚音に似ているので、I_4^6-Vを一緒にして属音と考えることも少なくない。特にドイツの機能和声論の流れをくむ理論家たちは、I_4^6を属音系の和音とさえみなしている。

I_4^6の四度は、昔の不協和感の遺物として、予備される。すなわち、四度の声部（基音）は、水平進行か二度の上行か下行で、この和音に入る。しかも、I_4^6の前に属音系の和音（Ⅲ、Ⅶ、V）があると、リズム感が悪く（I_4^6-Vは強-弱であるが、こうすると弱-強に感じられたり、静止的になったりする）、その上、終止感も鈍る（前の属音系和音ですでに終止が感じられてしまう）。こ

のため、この種の I_4^6 の進行には、つぎのものが多い（例106）。

$IV-|I_4^6-V ; II_6-|I_4^6-V ; VI-|I_4^6-V ; I-|I_4^6-V$ 。

　しかし、ときには、I_4^6 の四度と六度の音が掛留され、それがVの三度と五度に解決しているといったような場合もある（特に $I-I_4^6$ のとき）。さらに、I_4^6 の四度と六度が倚音風にVの三度と五度に下行せず、しかしやはり I_4^6-V の進行をとっていることもある。

　なお、この I_4^6-V で句が一時途切れるとき、この進行を半終止という〔121ページ〕。I_4^6 は、半終止のほかにも、I_4^6-V-I の形の完全終止〔119ページ〕にも用いられる。

(2) 非終止的な倚音四六の和音

　この進行は、前の場合とほぼ同じであるが、ただ、曲の終止の位置でなくて、楽句の中途で、しかも特に楽句のはじめの方で強拍部に I_4^6 を持って現われる（終わり近くだと終止感を出す）。この進行では、I_4^6 のほかに

も、IV_4^6-I がよく使われる（例107、モーツァルトのピアノ・ソナタ K.330 ハ長調の第1楽章冒頭の第3小節目にある）。

(3) 補助四六の和音

これは、$V-I_4^6-V$ のように、前後に同一の和音があり、その間にバスを共にした四六の和音が入っていて、ちょうど四六の和音の四度と六度が二重の上方補助音のようになっているものである（例108）。この四六の和音はリズムの面では弱い。たとえばベートーヴェンの第三交響曲「英雄」のスケルツォの最初では、I と IV_4^6 がこの方法で交互に使われている。

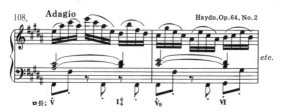

また、これと似たものに、四六の和音の四度と六度を補助音風でなく、経過音風にして使ったものもある。この場合も、I_4^6はリズム的に弱い。

B. 同一和音との結合

以上の用法は、四六の和音と共通したバスを持つ和音を使った場合である。この他にも、四六の和音は、$I_6 - I_4^6 - I$のように、同種の和音と結合することもある。この進行は、かなり長いこともあるが、和声的リズムは全然その間に変化しない。そして、一般に、I_4^6は弱勢になっている。いいかえると、この間の和声進行は、常に同一和音によるものであって、静止和声にほかならないのである。この進行は、バスがきわめてゆるやかに分散和音の形をとって進んでいるときに見られるし、行進曲やワルツなどの舞曲でも見受けられる。

C. 経過的四六の和音

経過的四六の和音というのは、四六の和音とその前後の和音のバスの三つの音が音階風に進行し、その中央の四六の和音がリズム的に弱いときの四六の和音のことである。曲が速い場合、あるいは四六の和音の音符価値が少ないときには、

第2部 和声の理論　　115

実際、これは経過和音風の効果のものとなる。この和音では、上声部の六度の音は補助音のように働き、四度音は停滞（水平進行）し、バスを重複した音はバスと反進行をする。この和音では、つぎのようなものが特に多い（例110）。

I–V$_4^6$–I$_6$およびその逆；IV–I$_4^6$–IV$_6$およびその逆；

V–II$_4^6$–V$_6$およびその逆（長調のみ）；

II–VI$_4^6$–II$_6$およびその逆（長調のみ）；

VI–III$_4^6$–VI$_6$　（長調のみ、ただし上の四つとくらべるとあ
III–VII$_4^6$–III$_6$　まり使われない）

上の場合では、四六の和音の前後は同種の和音だったが、また二つの六の和音の間に四六の和音が挿まれていて、やは

り経過和音風になっていることもある。この進行もきわめてスムースである（$I_6-V_4^6-VI_6$などは特によい。例111）。

四六の和音の主な用法は以上の通りであるが、なかでも一番多く使われるのは、$(II_6)-I_4^6-V-I$として楽句の終わりに置き、完全終止〔119ページ〕を強化するものである。しかし、また、上述のほかにも、いろいろな和音と結合、特に例110aのようにV（V）$-I_4^6-V$の進行することもあるし、

第2部　和声の理論　117

さらに19世紀後半以後には、一層自由な四六の和音の使用も見られるようになった。たとえば、I_4^6、IV_4^6、V_4^6などに独立的な意味を与えたりすることは普通となり、他の四六の和音さえ独立的に使ったりすることも少なくなく、また、バスを飛躍させながら上声部を経過風に扱っていることもあるのである。

第6章 終止法

　和音の進行法の中で重要なものには、**終止法**がある。これは、曲の終わりに使われるほかに、楽句の切れ目にも用いられて、調性を確立し、楽句の終わりを感じさせ、分節点〔259ページ以下〕を暗示し、全曲に安定感を与えたりする。楽句と終止法の関係は後に述べることにして〔247ページ以下〕、ここでは主要な終止法を列挙していこう。

1. 完全終止（または正格終止）

　V－Iの形式であるが、多くの場合、Vの前にIIまたはIV、あるいは前述のVへ進む和音を持っている。また、Vは、III$_6$、V$_7$やV$_9$やVIIで代用されることも少なくない。さらに、I$_4^6$－VがVとして置かれることも多い〔111ページ〕。特に、II$_6$－I$_4^6$－V－Iの形になると、効果の強い完全終止になる。そして、最後のIが小節の強拍にあれば**男性終止**、弱拍にあれば**女性終止**という。もっとも、この男性・女性の終止の名称は、どの終止法にも適用される。いずれにしても、女性終止の方が男性終止より感じが柔らかい。短調では、半音上げた下中音（旋律的短音階上行形の第六度音）がIVまたはその他に使われることもある。

　とにかく、この完全終止は、たいていの曲の最後に使われて、曲が終わったとの感じを出す。前に、曲の調を決定するのに最後のバスを見ればよいといったが〔35ページ〕、それは曲の終わりがこの終止法を用いてIの根形式を置いているからである。

　短い曲では、完全終止法をただ一回だけ出して曲を結ぶことが少なくないが、少し長い曲になると、それまでの緊張を終止感に代えるために、今までの句をいろいろに変形しなが

らこの終止法を何回となく出したりする。こういう方法を、**終止強化**という。

完全終止法は、また、曲の中途で楽句の終わりの部分に使われることも多い。この場合には、曲の終わりのときほどに目立たせる必要がないので、Ⅰの前のⅤを根形式にしないで第一転回形にすることや（例113a）、最後のⅠのソプラノまたは最上声部を基音とせずに三度音や五度音とすることや（例113b）、あるいは女性終止にすること（例113c）などの手段が講じられることが少なくない。しかし、Ⅰを転回することは少なく、特に第一転回形の場合には少し後に根形式のⅠの終止形か、他のはっきりした終止が来るのが普通である

第2部 和声の理論　121

（例113d）。V–I_4^6は、曲の終わりよりも中途の句の終止で多く見られる。曲の終わりの時には、瞑想的な感じを出す。シューマンの「謝肉祭」（Op. 9）の第5曲「オイゼビウス」"Eusebius"は、作曲者の抒情的・瞑想的な面を表わすために、この終止形を好んで使っている。また、dは、V_7–I_6の終止法のつぎにV_9–VIの中断終止〔125ページ〕を置き、変イ長調に転じてやはり中断終止し、それから基調（変ホ長調）で強い完全終止をしている。

2. 半終止（不完全終止）

　Vで安定するもので、I、II_6、IV、VIなどからI_4^6–Vに進行するもの〔112ページ以下〕やI–V、およびV（V）–V

などがその主なものである。これは、楽句の終止に使われ、曲の終わりにあることはほとんどない。完全終止とくらべると安定感、終止感が少ないからである。もちろん、これにも多くの変形がある。Vの前の和音の下属音は、半音上げられて、属音に対する導音のようになっていることが多い（例114a）。V（V）–Vはその代表的なものであり、半終止よりもむしろ完全終止に近い効果を出す。それというのも、V（V）–Vは属調で見るとV–Iにほかならないからである〔130ページ以下〕。I_4^6–Vの半終止の例は、112ページ以下に掲げたから、省略する。

例114bは、V（V）–Vでは完全終止感が強すぎるので、VII（V）–Vを使っている。また、cでは、V（V）–Vを弱めるために中にV_{13}を挿入している。

半終止には、以上のように、基和音（IまれにはI₆）かまたはI_4^6（これはむしろ属音系）の和音からVに進むもののほかに、下属和音（IV）あるいは下中和音（VI）その他からVに進むものもある。これは、グリーグなどの好んだ終止

法で、また、ロマン派時代以後にもさかんに用いられている（例115bのVIはIの代理、VII$_7$はVの代用、そのバスのホは持続音）。

また、Vの代わりにIIIに半終止することも少なくない。これはベートーヴェン以前には比較的まれだったが、ベートーヴェンの初期以来、次第に広く使われるようになった。

3. 変格終止

これは、下属系の和音から基和音に進む終止法である。一番普通なのはIV–Iであるが、II$_7$の第一転回（II$_5^6$）は、IVに上基音を加えたものでIVの代理をするから〔155ページ〕、このII$_5^6$も使われることがある。さらに、このII$_5^6$に由来するナポリ六度の和音（N$_6$）〔159ページ〕も、この終止法に用いられる（例116e）。変格終止法は、曲の最後でも中途（例116a）でも使われる。特に、曲の最後の場合には、完全終止がこの前に置かれているのが普通である。讃美歌の終わりの"アーメン"は、ほとんどみな、この種の終止法である（例

116b)。このため、この終止法を**アーメン終止**ということもある。変格終止法は、柔和でロマン的な憧憬を表わすので、ショパン、シューマン、ヴァーグナー、ブラームスなどをはじめとしてロマン派時代以後には、曲の最後でよく使われている（例116c、d）。短調の曲では、IVの第三度音（下中音）を半音下げた短三和音のIVを使ったり、Iを長三和音にしたりすることがある（例116f）。しかし、ヴァーグナーは、これを逆に、長調のときにIVを短三和音にした変格終止を好んで採用している（例116d）。

4. 中断終止（偽終止）

これは、偽終止、作偽終止ともいい、完全終止V–Iに似ているが、Iでなく、基音系の他の和音で終わるものである。Vから進む基音系の和音は数多いだけに、この終止法の種類も多数ある。しかし、一番多いのはV–VI（またはVI₆）である。ただし、長調のときに、VIの根を半音下げたものを

使うと、新鮮な効果がでることが少なくない（例117c）。

そして、ある楽句の終わりが同時につぎの楽句のはじめになっているとき、すなわち二つの句が重なっているときには〔263ページ〕、この中断終止法はよく使われている。例117cもその一例である。

中断終止には、また、VIの代わりにVIと同じバスのIV₆のものもあれば（例118a）、Iにさらに短七度の音（半音下げた導音）を加えたV₇(IV)のものもある（例118b）。また、V₇(IV)に近い関係のV₇(VI)やVI₇も使われることがある（例118c、d）。

第2部　和声の理論　127

第7章 属七の和音

1. 属七の和音

属七の和音は、長調でも短調でも同じ形であり、属音の上に長三度、完全五度、短七度と重ねてできた和音である。そして、属三和音を強めた働きをする。

この和音には、三種の転回形がある。その第一転回は、バスから数えて三度、五度および六度の音でできているので、**属五六の和音**といい、V_5^6で示す。第二転回は、三度、四度および六度となっているので、**属三四の和音**といい、V_3^4で記す。第三転回は、二度、四度、六度からなり、**属二の和音**、あるいは**属二四の和音**と呼び、V_2またはV_2^4と書く。この呼び方と書き方は、もちろん、他の七度和音にも通用する(ただし、その場合には、いうまでもなく、属という語はつけない)。

属七和音の進行は、どの形のときでも、本質的には変わりない。すなわち、和音の根音（属音）は、停滞しているか、基音に四度上行または五度下行して進み（転回の場合）、和音の第三度音は、導音なので、基音に上行する。第五度音（上基音）は、別に決まっておらず、基和音のどの音にも進む。最後にもっとも大切なのは第七度音（下属音）の進行である。この音は、根音と短七度の不協和の音なので、ぜひとも解決が必要である。それには、二度下行して、中音に達するのがもっとも自然である。こうして、属七和音は、基三和音に進行、つまり解決するわけである。V_2^4は、このため、I_3に進むし（例119a）、V_3^4は I にも I_6 にも行く。そして一般に、属七の第三度音が省略されたときは（代わりに根音を重複する）、続く基和音は根音を重複した形となっていて（例119b）、逆に属七が省略なしの形のときは、基和音では五度

(属音)が略されて根音が三回重複される(例119c、bとcはともに讃美歌からの例)。特にこれは、四声部の場合に多い。しかし、もちろん、この形は公式的なものであって、実際の曲でいつもこのように現われるとは限らない。それどころか、低音区にある属七が高音区の基和音で解決されることさえ、しばしば見られるのである(例119d)。

2. 他調の属七

これは、V_7 (V)、V_7 (VI) のような形のもので、ある和音がつぎに来る和音を基和音とした属七の構造を持ち、しか

も、この後続和音がⅠ以外のものであることである（例120）。この場合には、前の和音が属七の形をとるためにぜひとも変化記号が必要になる。楽譜を見て、臨時記号がちょっと出た場合には、それが補助音その他の和声外の音のためのものでなければ、十中七八までは、この他調属七、またはその変形和音か代理和音による変化記号だと見てよい。この和音は、つぎの和音を基和音とみなしたときの属七なので、曲は実際にそこで軽く転調した感じのものとなる。しかし、その前後は、この他調属七の解決和音が属する元来の調に支配されているので、同じ他調属七が何回も繰り返される以外には、転調と考えるほどのことはない。

この他調属七の解決は、前の属七の場合と原則的には変わりない。ただ、半音下げられた音は、つぎの和音にさらに半音下行して達し、半音上げられた音は、つぎの和音に半音上行して進むことに注意が必要である。

この種の属七でもっとも多いのは、属和音の属七（ドッペルドミナンテ、ダブルドミナント、重属七）である。すなわちⅤ（Ⅴ）という形のものである（以下誤解のない限り、便宜上、V_7（Ⅴ）などの7を省略して記すことにする）。この和音は、曲の中途で使われるほかに、終止法でも現れることが少なくない。特に、Ⅴ（Ⅴ）－Ⅴが終止法として使われると、完全終止に近い効果を出す〔119ページ〕。また、半終

止の前に置かれ、V（V）−I$_4^6$−Vと進むことも少なくない（例110a）。V（V）では、元来の調の第四度、すなわち下属音を半音上げて、臨時の導音の働きをする（例121）。

これについで上基音和音の属七、すなわちV（II）もよく使われる。短調では、和声的短音階のIIが減三和音なので、下中音を半音上げた短三和音のIIが使われる。V（II）では、元来の調の基音が半音上げられていて、導音の役目をする（例122）。

V（III）は、長調では、調の第二度を半音上げて導音とし、第四度を半音上げて属七の完全五度音としている。この和音は、同基短調のIIIには解決しない。それは、長調と短調では、IIIの根音が違うからである。短調では、V（III）は、導音を上げていない自然的短音階のIIIに基づいて作られる。したがって、V（III）の根音は、半音下げた変化音なしの導音であって、その他の構成音も変化音を持たない。このために、イ短調ではV（III）−IはIIIの調、すなわち並行調のハ

長調の属七のように響く〔74ページ〕。

V（IV）は、半音下げた導音を持っている。したがって、短調では、調の第七度に変化音は現われず、中音が半音上がってこの進行の導音の役をする。このために、短調のV（IV）−Iは下属短調のときと同じように感じられる。長調では、V（IV）−Iは下属調の効果を持つので、前か後に属調への転調がある場合、下属と属の釣り合い（基音の下と上の五度の均衡）のために、よく用いられる。また、ベートーヴェンの第一交響曲の冒頭が初演当時に問題となったように、曲や主題の冒頭にも置かれる（例124c、d）。この場合にも、後に属調への転調があって、釣り合いを保っていることが多い（例124cではV（V）−Vが属調を暗示する）。

V（VI）は、V（III）のときのように、長調と短調とで区別される。長調では、調の属音が半音上げられ、その他では変化音を持たないので、並行短調の属七と同じように作用する。一方、短調では、調の導音を半音下げ（したがって自然的短音階の形）、上基音も半音下げている。このV（VI）和音の進行で導音の働きをするのは、いうまでもなく、元来の

調の属音である。そして、この短調のV (VI) は並行長調V (VI) と同じような効果を出す (例125)。

V (VII) は、元来のVIIが減三和音なので、このVIIに対しては使われない。しかし、長調でも、短調でも、VIIの根の導音を半音下げて、VIIを完全和音にして、V (VII) を作ることは時々見られる。この場合には、長調では元来の調の中音を半

音下げ、短調では調の下中音を上げる。そして、どちらの調でも、下中音が導音の役をする。

こういう他調属七の和音は、第七度音を省略して、三和音の形で現われることもあり、また九度、十一度和音となっていることもある。

さらに、理論的には、属七ばかりでなく、他の七度和音も、(VI_7) Vのように、使われていいはずであるが、実際には、そういうものは少ない〔160、165、177ページ、ほか〕。そして、その特別なもの以外は、たいてい、変化和音として取り扱われる。

3. 属七の予備

不協和音は、多くの場合、進行を自然でなめらかにするための予備の和音を必要とする。七度の和音では、不協和の第七度音の導入をなめらかにすることを予備という。近代音楽では、属七ばかりでなく、他の不協和音も予備なしに導入することが少なくないが、以前には、属七の予備として、つぎのようなことが行われた。
1) 音階的に属音から第七度音の下属音に下行する（例えば例117cのV_7）。
2) 中音から第七度音に上行する（例119cのV_7）。
3) 前の和音が下属音を含む（例113aのV_5^6）。
4) 第七度音を掛留音で予備する（例77aのV_7）。
5) 四度上行飛躍して第七度音に達する（例119aのV_2^4）。

他調属七の場合の導入もだいたい上と変わりないが、さらに進行を円滑にするために、この他調属七の進行の調と元来の調とに共通した和音から入ることが多い。しかしまた、他調属七の調に属し、しかも元来の調から見ると変化和音の形のものから進むこともある。

4. 属七の不規則な解決

属七和音は、基和音に進むときでも、導音が基和音に上行せず下行したり（特に導音が内声部にある場合）、属七の根が基和音のI_6のバスに進んだり、いろいろと公式にはずれて

第2部 和声の理論 137

解決をすることがある（たとえば、例118a）。さらに、前の例113dのように、属七の解決が延期され、反復されていることもある。また、$V_3^4 - I_6$ では、不協和である下属音が属音に上行解決することも少なくない。

しかし、それ以上に不規則な解決は、V_7 が I やその転回和音以外に進むものである。V と VII は属音系だから、属七との結合は単なる和音の反復のようになるため、この場合除外すると、この不規則な進行で一番多いのは、II、IV および VI へ進むものである。

II は、V_9 の根と導音を省略した和音と同型なので、属七と結合すると、和音の反復とまではゆかなくても、同系の和音を並べたもののような作用をする。また、IV も、II のように、V_7 の第七度音を含んでいる。このために、II と IV は、第七度音（下属音）を V_7 と同じ声部に置いて、V_7-（II または IV）$-V_7$ あるいは V_7-（II または IV）$-$（V_5^6 または V_3^4）と進むことが多い。しかし、この場合に、V_7 の第七度音が下中音に解決されずに停滞しているとはいうものの、実は、

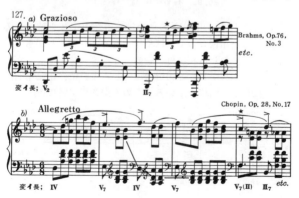

たいてい、最後の属七のつぎで解決されているのである。あるいは、最後に属七がないときには、ⅡまたはⅣのつぎの和音が下中音を和声音、または和声外の音として持っているのが普通である。もしそうでないと、属七を置いたときに出る効果は、解決のために中途半端なものとなってしまう。例127では、実際の解決を暗示する下中音に★印をつけておいた。なお、例127bでは、V_7の第七度音（変ニの音）は声部を変えていて、最後に下中音（ハの音）に向かっている。

こういうⅡやⅣに対して、Ⅵは、下中音を含み、しかもⅠの代理をなすために、V_7との結合はずっと落ち着いたものとなる（例128）。

これに対して、ⅢとV_7の結合は、Ⅲが下中音を持つものの、属音系の和音なので、ぼやけたものとなる。しかも、この下中音は、むしろ和声外の音のような響きを出すことが多いのである。しかし、この場合はむしろまれで、Ⅲに第七度音を重ねたⅤ（Ⅵ）を用いることの方が多い（例125a）。

属七和音は、上の例129のほかにも、他調属七へ解決（むしろ進行）することがある。V (II)、V (IV)、V (V)、などへの進行は特に多く、V (II) はIVの代理、V (IV) はIの代用として、V (V) はV_7–IIをさらに満足なものにするために使われる。

属七が不規則な解決をするのと同じように、他調属七も例外的な進行をすることがある。しかし、この他調属七にあまり極端な進行をさせると、他調属七の本来の意味よりも、実際の転調を表わしてしまうことが少なくないので、この和音は、前の属七の場合のようにいろいろな和音に進むことはない。まず、V (II) は、IIに進む代わりに、IIと深い関係に

あるV₇に進むことがある。つぎに、V (Ⅲ) は、Ⅲと二つの音を共有するⅠに解決することがあり、この場合には、和声外の音のような感じも出す（例130）。

V (Ⅳ) は、Ⅳと二つの音を共通するⅥへ、V (Ⅴ) は、同じようにⅢへ、V (Ⅵ) は、Ⅳへそれぞれ進行することがある（例79b、116d）。また、V (Ⅵ) は、ⅥとⅣへのほかに、Ⅰへ進むことなどもある（例131）。

しかし、こういう不規則な解決よりも、他調属七を次々と続けて行き、第一の属七の第七度音はつぎの属七で下方解決し、第二の属七の不協和の音は第三の和音で解決するという進行の方が普通によく見られる。この進行は、和声的色彩をすばやく変えるので、曲の冒頭とか主要な旋律（主題）の中よりもむしろ、経過句や挿句などでよく用いられる（例132）。

近代になると、属七や他調属七の解決法は一層自由になり、ときには全然解決しないようなことさえもある。

第2部 和声の理論

第8章 属九の和音

1. 属九の和音

属九の和音は、長調と短調とで九度が長音程であるか短音程であるかで違う。しかし、その解決法は、どちらの場合も同じで、第九度音（下中音）が属音に下行し、その他の音は属七と同じように進む。したがって、属九は、基和音に解決する。もちろん、実際の曲では、基和音に進むとはいうものの、声部の進行もそのまま保存されているとは限らない。

また、第九度音と第七度音は、不協和であるから、普通に予備が必要である。この予備も、属七の場合と同じように、いろいろな種類がある〔136ページ〕。

この和音は、属七よりもさらに鈍い音を出すが、調性を決定する点で、他の不協和音よりも落ち着きをもっている。そして、例133cからもわかるように、長調の属九、すなわち長九度を持つ長属九の和音は、長調のIにしか進行しない

が、短調の短属九の和音は、長調のIにも短調のIにも解決する。このために、短属九は、長属九よりも広く使われている。事実、完全な形の長属九が独立的にさかんに用いられるようになったのは、後期ロマン派時代になってからである。

長属九と短属九の取り扱いで一番主要な点は、第九度音と根音の位置の関係である。短属九では、第九度音は根より低い位置に来ることがあるが（特に根が第七度音の倚音の形をとっているとき）、長属七ではそういう第四転回形はまれにしか使われない。また、長属九の和音で、バスから順に、和音の第七度音、根、第九度音、第三度音、第五度音と重ねた第三転回形は、属九よりもむしろ、近代音楽で使われる二度和音（二度ずつ重ねた音でできた和音）の効果を出す。

属七と並んで他調属七があるように、属九でも、他調属九の和音がよく使われる。この場合でも長九度を持つ和音は、短和音に解決することはないが、短九度の和音は長短どちらの和音にでも進む。そして、どの場合でも、他調属九の構造は、他調属七のときと本質的に違わない。そして、同じくほ

とんどの度の和音を基礎としても作られる（例134）。

属七に不規則な進行があるように、属九でも不規則な進行をすることもあれば、解決を延長していることもある。他調属九の場合も同じことである。近代音楽では、属九の和音は、さらに自由に取り扱われ、従属的な和音としてよりも、むしろ独立的な和音としての存在を主張していることが少なくない。そうなると、属九の特有な不協和性と色彩は一層目立ってくる（例135）。

2. 減七和音

属九の和音は、省略のない完全な形でも使われるものの、実は根を略した形での方がさかんに用いられる。根を取り去ると、導音の上の七度和音ができる。これは、いうまでもなく、長調と短調で形が違い、長調では減三和音に短七度を加えた形であるが、短調では減三和音に減七度を重ねた**減七和音**となる〔52ページ〕。

減七和音は、属音の根を省略した属九和音の変形と考える

ので、省略したことを示すために0をつけて、V_9^0 と記すことがあるが、本書では、次項の減五短七の和音と誤解のない限り、$Ⅶ_7$ としておく。また、この筆法で、導音の上の減三和音を V_7^0 と書くこともある。

この減七は、属音がない上に、最低音が導音で不安定であり、第五度と第七度音はこの音と不協和音程を作るので、きわめて不安定である。そして、何か寂しいような、個性的な色彩を持っている。

減七には、三種の転回があり、例136のような記号で示される。

ここで、各転回形の音程関係を調べてみると、すべて最低音から短三度を順に重ねたものとなっていることに気づくだろう。これは、減七の重要な性質で、このために、減七はどの転回形でも、解決和音が同じならすべて同じような効果を出す。このことと、減七には属音がないことから、この和音の第三転回、すなわち属九では第九度音が最低にある形に対応するものは、属九の場合の時と違って、自由に使われる。また、減七の転回形がみな原形式と同じ構成であるという性質から、減七は、ピアノでは実際に同じ音でありながら、楽譜上では区別して記されることも少なくない（例138）。

減七の解決は、短属九の和音の場合と全く同じで、Ⅰ またはその転回に進むのを原則とする。このⅠは、やはり、長短いずれの和音でもよい。また、予備の点でも、別に新しいことはない（例137）。

　属九の形に他調属九というのがあるのと同じく、減七でも他調減七がある。もちろん、これも他調属九の省略形である。そして、どの完全三和音を基和音のようにみてもこの他調減七が作られるし、それは実際に使われている。この和音も、完全な他調属九よりさかんに用いられる（例138）。

減七和音も、原則とはずれた解決をすることが少なくない（例138aのVII$_7$（II）もその一例）。しかし、特に、楽譜の上からは不規則のように思えても、実際には異名同音が使われて、他の調の減七の規則的な解決になっていることがあるから、注意が必要である（例えば、例139bの重変ホの音は、

第2部 和声の理論　149

実は本来ニの音となるはずのものである）。

例139は、属七のときと同じように〔140ページ〕、減七を連続した形のものである。とにかく、減七の不規則な進行は、一般に属七や属九の場合と本質的に違わないのである。

3. 減五短七の和音

前に述べた通り〔145ページ〕、長調の属九の根を省略すると、減三和音の上に短七度音を置いた減五短七の和音ができる。解決や予備などは減七と大差ないが、第七度が短七度である点で、減七とは非常に違う。まず第一に、この音のため、和音は減七よりも柔らかく甘いものになる。つぎに、三種の転回形は、減七のときのように同じ音程関係を持っていない。したがって、異名同音による複雑な進行がない。また、これによって、第三転回（第七度音がバス）は、属九のときと同じく、あまり使われず、使われるのは、バスが和音外の音のような進行をとり、属九の場合と同じような効果を持つ例外的な場合くらいである。さらに、解決和音は、短三

和音のⅠであることはほとんどなく、たいてい長和音のⅠである（例140）。

こういう理由から、この和音は減七と厳密に区別しなければならない。そして、記号も、誤解の恐れのあるときには、減七と同じものを使わないのが普通である。しかし、本書では特にことわらない限り、減七と同じく導音を根とした七度和音の記号V_7を使う。転回の示し方も同じで、V_5^6、V_3^4、V_2^4とする。しかし、こう書いてあっても、減七なのか減五短七なのかを一応確めることが大切である。

この減五短七の和音でもっとも和声的効果のいいのは根形式で、転回形でもっともよく使われるのは第二転回のV_3^4である。しかし、第一転回もときおり見受けられる。

減五短七の和音も、他調属九の根の省略形として使われることがあるが、減七や属七ほど頻繁には見られない。この進行で臨時的な基和音の役をする和音、すなわち他調の減五短七和音に続く和音は、きわめて限られていて、長調ではⅠ、Ⅳ、Ⅴ、短調ではⅢ、Ⅴ、Ⅵくらいなものである。短調のⅢ（調の導音を下げて長和音にする）では、Ⅶ$_7$（Ⅲ）は、実はⅡ$_7$にほかならない。しかし、Ⅱ$_7$は、減五短七でありながら、他調Ⅶ$_7$とは全然別な作用をし、違う色彩を持ち、またⅢよりむしろⅤに解決する〔156ページ〕。上の中でもっとも多いのはⅦ$_7$（Ⅴ）である（例141）。

また、減五短七和音でも、不規則な解決や、解決の遅延や隠蔽が行なわれる。解決和音としては、Ⅲ（特にⅢ$_7$）、Ⅳ（特にⅣ$_4^6$）、Ⅵなどがよく見受けられる。Ⅲ、Ⅲ$_7$およびⅥ$_4^6$のときには、Ⅶ$_7$は属音系和音への反復のように感じられ（例142a、b）、Ⅳ$_4^6$とⅥ$_6$では基三和音に似た効果を出す。また、他調減五短七のときにも、不規則な解決がある。特にⅦ$_7$（Ⅴ）は、ⅠやⅡ$_7$に進むことが少なくない（例142c、

d)。この減五短七も減七と同じように、近代になるにつれて、きわめて自由に取り扱われ、驚くほど新鮮な色彩を出すようになった。

第9章 副七、九度、十一度和音

1. 副七和音

　副七和音とは、属七とVII_7以外の和音である。その予備は、一般に、136ページの予備の方法にしたがっているが、近代音楽などでは、予備なしに突然、不協和の副七が現われることがある。

　また、解決和音は原則として、どの副七でも根の完全四度上、または完全五度下の完全和音、または七の和音となっている。たとえばI_7はIVに、II_7はVに解決する。したがって、前にVII_7の不規則的な解決としてVII_7-IIIを挙げたが、これも実は、副七の立場から考えると正当な解決なのである。すなわちVII_7-Iは属九から見た解決で、VII_7-IIIは副七から見た解決なのである。ただし、IV_7の解決和音は後に述べるように、この例外である。それというのも二つの和音の根の完全四度上の音は音階に含まれていないからである。いうまでもなく、副七の転回の解決も、バスが停滞しているとき以外

には、その原則にしたがっている（例143）。

こういう原則的な解決では、副七の第七度は、一般に二度下行する。しかし、この音が二度下行しないで、同度に止まったり、二度上行したりするような、すでに述べた不規則な解決をすることもあるし、原則的な解決和音以外の和音が使われることもある。さらに、特にロマン派時代以後では、全く解決しないことさえある。

IV_7は、完全四度上の和音がVIIとなるから、VIIと同系のVに解決する。IV_7とVの間には経過和音として、IIまたはII_7が入っていることが少なくない。この原則外の進行には、基三和音や他調の属音系和音あるいはIII_7などへ行くものがある（例144aはII_7とVの間にさらにV_7（V）を置いている）。

また、VI_7は、IIに行くのが普通であるが、短調のときにはIIは減三和音なので、VI_7の第五度音と第七度音をII_7、またはV_7の構成音に解決させ、それからこの後のII_7やV_7を解決することが多い（例145a）。しかし、また、短調のVI_7を基音からの長六度の音の上に作ることもあり（例145b）、その他いろいろの解決法がある。

七度和音は、第一転回にすると、三和音の第六度音を加えた形のものとなる。特にII_7の場合のように、この六度が長

第2部 和声の理論 155

六度のときに、この和音を"六度を加えた和音"と呼ぶことがある。この和音は、フランスの有名な作曲家で理論家のラモー（1683-1764）が導入したものといわれている。

この第一転回では、元来の七度和音よりも、三和音の方に近い効果を出す。こうして、II_5^6 は、下属和音を強化したものとなり、これに属七、基三和音と続けると、きわめて強い

完全終止形ができる。この終止形は、マーラーのよく愛好した形である。

なお、短調のII_7は、長調のVII_7（III）と同じ形で、減五短七の和音である。このII_7も調を解決する性質は持っているが、IIIよりもむしろVに進んで調を決める（例147）。

七度和音は、また、いくつか連続して、いわゆる連進の形で使われることもある〔179ページ以下〕。この場合には、七度和音の根は、四度上または五度下に順次に動いて行くのが普通である（例143a）。この種の進行は、安定感に乏しいので経過句風の部分に使われることが普通であるが、また力性を強めて緊張させたり、あるいは逆にして弛緩を表わしたりすることも少なくない。

2. 九度和音

属七以外の九度和音は、19世紀中頃まで独立してはあまり使われなかった。それは、一般に、掛留の形や倚音の形で置かれていた。そして、第七度音が省略されているときは同じ根の三和音、第七度があるときは同じバスの四六の和音、あるいは同じバスの七度和音の転回形に進むことが多かった。しかし、それ以後の時代には、九度和音はさらに自由に使われている。九度和音は、I_9、II_9、IV_9がもっとも多く使われ、III_9とVI_9はあまり用いられない。解決が遅延された

第2部　和声の理論　157

り、隠蔽されたりすることがあるのは、掛留あるいは他の不協和音のときと同様である（例148）。

3. 十一度および十三度和音

十一度や十三度の和音となると、使用法はさらに制限されてくる。そして和音が独立した働きをするというよりも、むしろ掛留や倚音、それに持続音によって、この十一度や十三度和音と同じ効果のものが生れるといった方が妥当な場合が多い。持続音には、基音と属音が多いので〔91ページ〕、この和音も基音または属音を根音にするものが普通である。しかし、ときには、ⅡまたはⅣの十一度和音もある。

例149aは、バスのトの音を持続音と見ると、I_{11}の代わりにV_7となり、bではバスのヘの音を持続音と見ると、V_{11}（Ⅴ）－V_{13}はV_7（Ⅴ）－V_{13}となり、V_{13}のソプラノのこの音は解決のない倚音と考えると、V_{13}はV_7になる。実際、この二つの音は、そういうもののようであるが、それでいて属十三和音を暗示した重要な音である。cでは、IV_{11}の右手の和音（嬰イ―嬰ヘ―嬰イ）はつぎの和音の倚和音と見ると、

IV_{11}は単なるIVとなる。ロマン派時代までの十一度や十三度和音は、たいていこういう用法のものであるが、近代になるといろいろと自由な取り扱いが現われ、いろいろな調の属十一や属十三の和音などを、次々と続けたものなど少なからず見受けられる。

第2部 和声の理論　159

第10章　変化和音

1. ナポリ六度

変化和音とは、広い意味では調記号以外の変化記号を持つ和音であるが、ここでは、長調で同基短調の和音を借用した場合、その逆に短調に同基長調の和音を使った場合、それから他調の属七、減七、属九などの和音、この三種を除いた狭義の変化和音を意味することにする。

その中で、一番大切なのは、**ナポリ六度**という和音である。この和音は、元来、短調の上基音の第一転回（II_6）で、根音すなわちバスの第六度音を半音下げたもの、例えばハ短調でいうと、ヘ−変イ−変ニの形のものを指した。しかし、のちには、第一転回形でなく、根を半音下げた根形式でさえもそう呼ばれるようになった。

ナポリ六度の和音は、長三和音またはその転回形なので、それだけでは不協和と感じられないが、調から見ると、上基音が変化しているので、調に属さない不協和風である。しかし、柔らかい特殊な効果を出す。この半音下げた上基音は、

基音または導音に下行進行して、変化音の不安定感をなくすのが普通である。こうして、この和音は、基和音および属和音に進む。この進行だと、ナポリ六度による調の不明瞭さが除かれる。この和音はN_6と記すことにしよう。

　ナポリ六度は、長短どの調でも使われる。もちろん、長調のときには、下中音を半音下げたものである（例150b）。

　この和音は、下属和音系に属するので、完全終止その他の終止法でⅤの前に置いて、このⅤを強めるのによく使われるし、変格終止でⅣの代用にもなる。

また、N_6-Ⅴの間には、上基音の三和音、またはむしろⅤ(Ⅴ)を挿入することもある。このⅤ(Ⅴ)の場合には、声部の進行はかなり複雑で、変化音の解決が他声部に移っていることも少なくない（例152）。

　ロマン派時代以後には、ナポリ六度の和音は、きわめて自由に取り扱われるようになった。その一つには、この和音を根位置で、すなわち上基三和音の変形として使うものがある（これはNと記そう）。この場合には、半音下げた上基音は、

旋律的よりも和声的に大きな意味を持ち、和音は元来のナポリ六度よりもずっと安定したものになる。さらに、ナポリ六度の属和音、すなわち$V(N_6)$さえもよく使われるようになった。この$V(N_6)$は、もちろんN_6に解決されるが、解決のN_6が根形式の時には、この根形式ナポリ六度は、当然

強い独立性を持つようになる。だいたいからいって、このV(N₆) あたりが調の拡大の限度のようである。また、曲をいきなりナポリ六度の和音で始めることも少なくない（例153c）。

2. 増六の和音

増六の和音というのは、名前の示す通り、最低音から増六度の音を含む和音である。しかし、ナポリ六度のときのように、その変化したものも少なくなく、そういうものもやはり増六の和音と呼ぶのが普通である。

増六度といっても、いろいろな音の上に作れるが、一般に増六の和音といった場合には、短調の第六度音、すなわち基音から短六度をなす音の上に作ったものを指す。すると、高い方の音は、半音上げた下属音のわけである。たとえば、ハ長調およびハ短調では、変イー嬰へは増六の和音の外声部の音となることができる。増六の和音の特徴は、実にこの増六の音程にあるのである。そして、この和音は、この音程のために、かなり不協和である。この増六の音程は、八度に解決する。いいかえると、半音上げた下属音は属音に進み、半音下げた下中音も属音に下行する。したがって、増六の和音は、属和音に進むので、ナポリ六度のように、調を確立するのに役立つ。

増六の音程の間に挿入する音によって、増六の和音は四種

類できる。そして、例154aは、単に増六、bは増六五三、cは増六四三、dは増六四二または増四の和音という。しかし、これでは面倒だし、誤解も起こりやすいので、aをイタリア六度、bをドイツ六度、cをフランス六度と呼ぶことが多い。

上例で、dとbは、ピアノでは実際に同じに響くが、解決方法が違う。作曲家によっては、dのように記すべきことをbの方法で書いたり、あるいは、その逆に示したりする人もあるから、楽譜を調べるときは注意が必要である。また、a、b、dは、音程から見ると、属七の異名同音であることにも注意。

この四種類の和音は、前に述べたように、属音を含む和音、すなわちVまたはI_4^6–Vに進む。しかし、イタリア六度の和音は、ほとんど常にVに解決する。

ドイツ六度、すなわち増六五三の和音は、四つの増六度和音の中でもっとも短調的色彩が強い。これは、短三度音を含んでいるからである。この和音を解決すると、短三度音は上基音に進み、下中音は属音に進むので、並行五度が生ずる。この並行五度は、モーツァルトがよく使ったものなので、"モーツァルト五度"といい、効果も一般の並行五度より良い。この並行五度は、外声部間のとき以外には、かなり使われるし、また掛留や倚音を使って隠蔽されていることも少なくない。そして、この和音は下属音系として働いて、VまたはI_4^6–Vの前にあって、終止を強めることが多い（例155）。

フランス六度、すなわち増六四三の和音は、上基音上の七度和音の転回の形をしていて、やはり下属和音の性格を持っている。この和音は、V_7（V）の第五度音を半音下げたものと同形であるが、この両方の和音の働きや調に対する力は、少し違う。このフランス六度は、VIまたはIVから入って

164

第2部　和声の理論　165

I_4^6やVに解決するが、長調のときにはVIは並行短調のI、短調のときには並行長調のIVと同じなので、この進行では調性（長と短のこと）が変化したような感じがし、色彩は豊かである。例156cは、当時の音楽界を驚かしたヴァーグナーの「トリスタンとイゾルデ」の前奏曲の冒頭である。第2小節の嬰トは解決音よりも長い倚音で、しかも上方に解決し、第3小節の嬰イも上方解決倚音（あるいは、むしろ強勢経過音）である。

　増四の和音は、半音上げた上基音を持っている。そしてこの音は、長三度の中音に進む傾向がある。このため、増四の和音は、長調のI_4^6-Vへ解決するのが普通である。この和音

は、増六度と増四度を含むが、前に述べた通り、属七と異名同音なので、独立して聴くとたいして不協和感が強くない。例157bは、外観からドイツ六度のようであるが、解決方法（変化音の動き）から見ると、疑いなく増四の和音である。つぎのcでは、V_7に解決されているが、このV_7は、多くの音を加えて、V_{13}の効果を出している。

　増六度の和音は、属七やその他の和音のように、原則とはずれた解決をすることもあるが、他の和音の不規則的解決ほどにはそういうものはあまり使われない。この種の解決では、I_4^6の代わりにⅠに進むものが一番普通である。この進行は、フランクが好んで使用したもので、フランクの一種の和声的特徴となっている。例158の増四度和音のハは嬰ロと異名同音なことに注意。

また、増六度和音は、ナポリ六度の和音と同じように転回して使われていることもある。転回すると、増六度は減三度になるが、和音自身の増六度和音としての効果は失われない。この場合、和音は変化音を持つ$Ⅱ_7$、または$Ⅳ_7$の形に見える。特に、半音上げた下属音がバスにあると、減三度を持つ$Ⅳ_7$となる。例159aはその例で、$Ⅳ_7$の和音はつぎの小節に掛留され、その間に$Ⅳ_7$の要素でできた和音を出している。この和音はI_6と同型である。つぎのbは、バスを静止させ、その上に倚音風に増六度和音の転回を出している。特に、c

のように、属音の持続音を持つときの効果は強烈である。

　増六度和音は、半音下げた下中音の上ばかりでなく、他の音の上にも現われることがある。この中で多いのは、例160aのように、属七の第三転回形のバスを半音下げたものと、bのように、半音上げない下属音をバスとし半音上げた上基音を上声部に持つもの（半音上げた上基音の上の長調のII₇の第一転回）およびcのように、半音下げた上基音と導音でできているもの（導音の上の七度和音の第一転回で上基音を半音下げる）、以上の三種である。a、b、cとも、たいてい、基三和音に解決する。そしてまた、これらは、他調の増六の借用と見ることもできる。

　aは属和音的な働きをし、bは並行短調（この場合はハ短

調)のドイツ六度に似た響きを出し、cは下属よりむしろ属和音的な効果を持つ。この三種の和音は、長短どの調でも使われる。

これ以外にも増六度和音はある。しかしそういうものは、たいてい他調の上述の形の増六を借用したものである。いいかえると、V（V）という原理のように、ある和音を基音とした場合の調における上述の増六度和音を使ったものである。これは、増六度が調を強く暗示するために使われたのであって、一種の調性の拡張である〔177ページ〕。

3. 上基と下中和音の変化

ナポリ六度や増六度の和音も上基和音の変化と考えられな

いこともないが、ここでは、それ以外の、特に根を半音上げた上基和音と下中和音という変化和音を取り扱うことにする。

こういう根を持つ長調の音による七度和音は、その第三度音を上げると、減七度和音となる。もちろん、この二つの和音は短調のⅦ₇、すなわちV_9^0のような属音系のものではなくて、むしろ下属音系で、また、短調のⅦ₇が長短どちらの調でも使われ、しかも短調的傾向が強いのに対して（短調の第六度音を持つ）、これらの和音は、短調よりもむしろ長調の感じを強く出す。Ⅱ₇（根は半音上）は、長調の長三度に進む傾向の根を持つし、Ⅵ₇（根は半音上）は、音階の長三度音を含んでいるからである。しかし、Ⅶ₇と同じように、この二つの和音は、長調でも短調でも使われ、やはりⅠかV₇に解決する。このⅡ₇とⅥ₇は、減七度の和音になるために、

それぞれ下属音と基音を半音上げている。

この二つの和音の解決の場合の声部の進行については、特にいうほどのことはないが、作曲家によって、増六度和音と同じく、異名同音の外観の、別な和音で記していることが少なくないから、十分注意する必要がある。たとえば、根を半音上げた減七和音のII_7では、根を上基音の変化音にせず、中音の変化音にして、和音をIV_7（根を半音上げた）のように書くこともあり（例162a）、同じくVI_7の根を導音の半音下げたものにして、I_7のように記すことも少なくない（例162b）。そうすると、aではV_9^0（Ⅴ）、bではV_9^0（Ⅱ）と同型になるが、もちろん、解決法も効果もこういう他調減七〔147ページ〕の場合とは違うのである。

こういう異名同音の和音を代用するのは、厳格な和声的な意味からいうと誤りであるが、作曲家は、多くの場合、無意識でなく、故意にそういう代用をするようである。その理由として、声部の対位法的・旋律的な進行ということがある。たとえば、例162bでは、中声部がイから次第に下行してい

第2部　和声の理論　171

るので、重嬰ヘとするよりトとした方が自然なのである。

このII_7とVI_7の減七和音は、かなりよく見受けられる。そして、これは和音でありながら、倚音（例163a）、変換音（例163b）、経過音、カンビアータ〔87ページ〕（例162b）、のように使われることもあるし、下属傾向を利用して終止の前に置いて調を強めるのにも用いられる。特に、VI_7は半終止の場合、属和音の前に置き（例163a）、II_7はI_4^6-Vに先行すると、終止効果は強くなる（例162a）。

この減七和音、II_7とVI_7も不規則的な解決をすることがある。そういうものの中には、前に説明したように、この和音を異名同音の他調減七として取り扱うものがある。しかし、また、Iの代わりに、IVの属和音、すなわちV（IV）、あるいはVIの第一転回に行くこともある。解決法は、特に短調の場合に多く、ときには長調から同基の短調へ進む媒介をすることもある。例164bでは、変ニは嬰ハと異名同音、変ヘはホの代用であることに注意。

4. 増五度および減五度和音

三和音の根を下げ、または第五度音を上げると増五度を持つ和音ができ、根を上げ、あるいは第五度音を下げると減五度を含む和音が生れる。しかし、三和音では根が重要な役をするので、実は根をこのように変化させることは少ない。しかも、第五度音を上げた増五度和音（増三和音）は、Ⅰ、ⅣおよびⅤでもっとも普通に見られ、第五度を下げた減五度和音（減三和音）は属和音で一番多く見受けられる。

Ⅰを変形した増五度和音は、つねに長調のⅠを変えたものである。短調のⅠだと、第三度音と第五度音の間に著しく不協和で、珍しい増三度の音程ができるからである。とにかく、Ⅰの第五度音は、半音上げられると、下中音に進む性質を持つ。このため、増五Ⅰは下属系和音（特にⅣまたはⅡ₇）に解決されるのが普通である。この増五Ⅰに似たものに、Ⅴ₇（Ⅳ）の第五度を上げたものがある。これは、もちろんⅣに解決する。

増五ⅤまたはⅤ₇は、長調でも短調でも使われ、半音上げ

第2部 和声の理論 173

た上基音が長調の中音に進むので、長調のIに解決する。増五V_7では、ときには転回で増六度の和音が生れることがあるが、その内声部を埋める音と解決方法によって、増五V_7

であるか増六度和音かが区別される。このV_7は、いろいろな不規則な解決をすることがある（例166c）。

増五IVまたはIV_7は、一般に倚音風に現われる。そして、半音上げた基音は上基音に進むので、倚音の解決和音はIIとなっている（例167）。

増五度の和音は、長三和音から作られるものであって、増三和音〔50ページ〕と同じ音程関係を持っている。この和音は、減七和音のように、転回しても、異名同音を考えないと、各音の音程関係を変えない。たとえば増五Iをとってみると、上のように、どの音の間も二つの全音でできている。すなわち、増五度和音を全音で埋めると、ドビュッシーがさかんに使った全音音階〔190ページ〕ができるのである。また、後期ロマン派の時代には、増五度和音を続けて使い、調性感を減じたりしたことがよくあった。これは、ドビュッシー風の全音音階風でなく半音階的であるが、それにもかかわらず、ドビュッシーの全音音階音楽は、このあたりにその根源を持っているようである。

減五VまたはV_7は、Iに解決する。このV_7の第二転回

第2部 和声の理論 175

は、フランス六度の和音と同じ構成であるが、フランス六度は下中音上にあってVに解決する下属系であるに反して、このV$_3^4$は、半音下げた上基音をバスとし、Iに解決する属音系の和音である。この減五度和音は、長調でも短調でも使われる。また、減五V$_9$（上基音を下げる）の根を省略した減五V$_9^0$は、ドイツ六度と同じ音程関係であるが、働きは別で、属音系である。

5. 調の拡大

調の拡大というのは、他調属七や減七の時のように、他調の和音を借用して、調感をひろげることである。たとえば、161ページのV（N$_6$）-IIの進行もこの一つで、本来の調がこの解決和音（II）のためにいくらかひろげられ、一時IIを基三和音とする調に転調したように感じられる。このように、他調に固有な和音を導入して、本来の調にない色彩を出すことが調の拡大の持つ大きな重要性である。

こういう他調の和音の中では、他調属七と同じ原理でできているものが一番多い。たとえば、例171aの第三小節にト短調の和音があるが、これは、つぎのイ短調のIVへ進むことから見て、IV（IV）という和音である。また、bの冒頭には変ロ長調の減五IIIという珍しい和音、あるいはむしろV（IV）が見られるが、これは、実は、第3と第4小節がII-Vの進行で、第2小節がV（II）であり、しかも第1-2と第3-4小節が連進〔179ページ〕の形をとっているので、変ロ長調の拡大和音であって、II（II）という和音なのである。すると、第1-2小節はIIの調（ハ短調）のII-Vで、第3-4小節は元来の調のII-Vとなって対応する。

また、導音を下げて、Vの和音を短三和音にしていることがある。例172はその例で、こうすると、導音関係がなくな

第2部 和声の理論

り、属和音の特性が減ずる。この和音にIIが続くときには、VをIV（II）と見る方が妥当である。

168ページでちょっと述べたように、IIおよびIV以外の根の上に作られた増六度和音も、他調の和音の借用と考えることができる。つぎの例173aの第1小節は、ホ（短）調の増六五三、すなわち、この場合の調（イ長調）のVのドイツ六度の和音である。この和音は、つぎの第2小節でモーツァルト五度〔163ページ〕を避け、トとホの二つの音を受け継いだホ短調のI、すなわちイ長調のV（短三和音）に解決する。この解決和音は、実は、例172のようにイ長調のIV

（Ⅱ）である。第2小節の第2拍の嬰ハと嬰イは、第3小節の音の先行音で、第3小節はⅤ（Ⅱ）である。こうして、この曲の調性はかなり拡大されている。つぎの例173bは、これ以上に複雑で、イ短調のⅤ、Ⅳ、Ⅶ（導音を下げる）およびⅠ（イ短調そのまま）の各々の増六度和音－属和音という進行を続けている。したがって、調は、イ短調、ホ短調、ニ短調、ト短調、イ短調とすばやく移るわけであるが、やはり、この句全体はイ短調の拡張となっている。なお、この曲の作曲者グリーグは、転調のときでも、イ短調－ト短調というように全音下の短調への転調を好んで使い、憂愁な感じを出した。

第2部　和声の理論　179

第11章　連進

　音楽を聴いていると、旋律と和声が度を変えながら何回か反復して続いているのに気がつくことがある。もちろん、リズムも同じように繰り返されている。こういう反復は、**連進**という。連進は、音楽を展開するための重要な方法であって、これによって統一と対比が生まれ、同時に、気分の高揚や弛緩も起こるのである。

　連進は、どのくらい続くかも、どのくらいの長さのものを繰り返しているかも、別に決まっていない。同じように、連進で繰り返されるものが一つの和音を母体にしていることもあれば、いくつかの和音の進行を用いているものもある。しかし、各反復ごとに、その相互の和声はたがいに対応しているのが普通である。たとえば、例174aでは、第1回はⅠ−Ⅳ、第2回はⅡ−Ⅴ、第3回はⅢ−Ⅵとなって、二度ずつ和音は上行するが、各回での和声関係に変化はない。また、bでは、第1回は嬰ト短調のⅡ−Ⅴ−Ⅰ、第2回はホ長調のⅡ−Ⅴ

-Ⅰ、第3回は嬰ハ短調のⅡ-Ⅴ-Ⅰとなっている。

例174aでは、和声は二度ずつ上行して繰り返されているが、この反復の度は二度とは限らないし、また、必ずしも上行ばかりでもない。ベートーヴェンなどは四度上行（五度下行）の連進をよく書いた（例175）。

前例174aでは調は変化していないが、bでは連進ごとに転調している。aのようなものを、**非転調連進**といい、bを、**転調連進**という。非転調連進は落ち着きがあるが変化に乏しく、転調連進は、色彩は豊かであるが、安定性がない。非転調連進では、例174aのように、反復ごとに和音の種類が変わるのが普通である。たとえば、第1回は長三和音二つ（ⅠとⅣ）だったが、第2回は短三和音（Ⅱ）と長三和音（Ⅴ）、第3回は短三和音二つ（ⅢとⅥ）になっている。こう

いう非転調連進の和声的色彩をさらに豊かにするために、変化和音、特に他調の属和音を使うことが少なくない。この他調属和音は、つぎの解決和音を目立たせるので〔131ページ〕、調の統一を破らずに変化を起こすことができる。例176でV（Ⅱ）の代わりにⅣが使われているが、これは、Ⅱが減三和音で、Ⅱの属和音を作るにはⅡを変形しなければならず、そうすると連進のⅣ、Ⅲ、Ⅱ、Ⅰの各々の完全終止風の感じが失われるからである。

他調の属和音を使った連進では、次々と調が移り、一種の転調連進のようであるが、必ず最後には、元来の調に戻っている。これに対して、転調連進は、次々と新しい調に変わり、連進の最後の項は、最初の調に戻らない。この転調の方法は、多くの場合、経過転調〔225ページ〕である。そして、各反復の終わりの和音は、つぎの反復の調の和音の形をとっている。前例174bでは、第1回の終わりの嬰ト短調のⅠはホ長調のⅢに意味を変えているし、第2回のホ長調のⅠ

は嬰ハ短調のⅢと共通している。また、各反復の和声は、調を明示するに十分な働きを持つ和音でできている（上ではⅡ-Ⅴ-Ⅰ）。

連進では、力性の変化も関係するのが普通である。一般的にいって、そうでないと音楽の流れは平板なものになってしまう。そして、演奏に際しては、たとえ作曲者の指定がなくても、そうした変化を与えるべきである。いいかえると、作曲者は、演奏者にすでに当然のこととしてそれを期待しているのである。

常識的には、旋律の場合と同じことで、連進をなす音型（連進の単位）が上行するときにはクレッシェンドし、下行のときにはディミヌエンドする。水平進行のときにも、曲想に応じてクレッシェンドしたりディミヌエンドしたりする必要がある。しかし、これは原則論であって、作曲者が意表をついたような効果を狙って、ことさらに上行でディミヌエンドしていって、いわばかなたに消えていくような感じのものにしたり、下行でクレッシェンドし、しかも多くの場合に加速して、深く沈むかのように指定していることもある。

連進は、徐々に効果を強める役目をする。特にクライマックスをつくったり、終止効果を強めたりするときによく用いられる。クライマックスのための連進は、18世紀後半に南ドイツのマンハイムの宮廷楽団に集まった作曲家たちから好まれた手法で、モーツァルトやベートーヴェンをはじめとして多く作曲家に影響をおよぼした。なかでもベートーヴェンは、独創的に活用した。たとえば、第五交響曲の第3楽章がつぎの第4楽章に入りこむとき、あるいは第七交響曲や第九交響曲の終末部分での用法は、まさに前人未踏のものである。このように連進の単位を同じ高さの水平進行の形で反復していく、いわゆるオスティナート（「執拗な」という意

味)の方法は、ベートーヴェンの他の曲でもしばしば認められる。

なおここで、連進とはいくらか違うが、やはり力性の変化に関係したことで、述べておかなければならないことがある。そのひとつは"エコー"であり、もうひとつは"呼びかけ"である。

エコー(山びこ、こだま)は、同じ音型がすぐに同じ高さで繰り返されて、山びこのような感じをだすもので、この反復のときの和声は前と同一かもっと薄くなっている。そして、山びこのときと同じく、反復同型は弱く奏される。

これに対して、呼びかけは、山びこと逆のものと思えばいい。これも人間の生活と結びついている。呼びかけとか念を押すのは、一回で通じなければさらに音調を高め、声を大にする。それでも通じないときには、さらに声を張りあげる。実生活ではこれを何回もおこなうというわけではなく、せいぜい3回か4回で断念してしまう。こういうことは、古くからの人間の生活および心理にもとづいている。

特に中世のヨーロッパでは、人間が集まって協同生活を営む集落をつくると、このグループの自衛手段として、その周囲に堀や壁や塀などをめぐらす。そして夜にはそこに不寝番の警備人をおく。そして夜中などに不審な侵入者らしい気配がしたら、相手を確認するために「誰か」と誰何する。それで返事がないと、もう1回誰何する。これでも駄目なら第3回目の誰何をする。そして、中世ヨーロッパのほとんどでは、3回目で返事がなければ、相手を文句なしに殺してもいいというのがだいたいのところ不文律となっていた。日本や欧米の演劇でも、呼びかけは3回、あるいは多くとも4回になっているのが普通である。こうしたことはまた、音楽でも認められる。ただしこれは、連進よりもむしろ、連進を拡大

解釈した場合に多い。つまり、特定の音型や短い旋律の繰り返しでみられるのである。

そのいい例は、ベートーヴェンのヘ短調のピアノ・ソナタOp. 2-1の第1楽章にある。その冒頭がそうである（例246）。ここでは、頂点の音がだんだん高く強くなっていく。こうしたことは、この楽章ではほかでもみられる。また、シューベルトの「魔王」で子供が4回父親を呼び叫ぶ声もそうである〔48ページ〕。

第2部　和声の理論

第12章　特殊な和声

1. 教会旋法の和声

　これまで説明してきた和声は、全音階にもとづく、すなわち長調と短調の枠内の和声で、主として、バッハ、ヘンデルの頃から、19世紀中頃のリスト、ヴァーグナーの時代までさかんに使われていたものである。しかし、その時代でも、さらにその前後でも、それ以外のいろいろな和声が用いられた。その中で一番多く見られるのは、教会旋法にもとづく和声である。

　教会旋法というのは、中世にキリスト教の教会で歌われた聖歌の基礎をなす音の配列である。この旋法は、中世以後も、現在までしばしば用いられている。ベートーヴェン、ショパン、ブラームス、ドビュッシーなどは、この旋法をよく使った作曲家である。この教会旋法には、つぎの十種類がある。

178.

もちろん、第一音はどこでもよく、普通の長音階や短音階のように、移調もできる。そして、変格旋法は、正格旋法の四度下で始まる。教会旋法でも、基音と属音に相当するものがあったが（例178の全音符が基音、2分音符が属音にあたる）、近代の意味とは違うものだった。正格旋法にもとづく旋律は、基音で始まり上昇して基音で終わり、安定感を持ち、落ち着いている。これに対し、変格旋法の旋律は、やはり基音（例178の4分音符）で始まりそれに終わるが、この音を中心として動き、いくぶん落ち着きがない。

ドーリア旋法は、基音から数えて短三度と長六度を持ち、第七度が導音関係をなしてないことを特徴とする。このように短三度の上に長六度があると、この六度を**ドーリア六度**ということがある。第七度に導音関係を持たせると、現在の旋律的短音階上行形ができ、長調的短調〔20ページ〕の和声も生れる。

フリーギア旋法は、基音と第二音の間が短二度、すなわち半音になっていて、第七度には導音関係がないのが特徴である。このため、半音の第二度を**フリーギア二度**という。この第二度を使った和声は、ナポリ六度の和音〔159ページ〕の感じを出すことが少なくない。

リーディア旋法は、基音と第四度音の間が増四度になっていることが特徴である。このため、こういう第四度音を**リーディア四度**ということがある。V（V）の和声効果は、これに似ている。なお、この旋法の第七度音は導音関係を持っている。

ミクソリーディア旋法は、今日の長音階に似ているが、第七度が全音で基音に向かっている。こういう第七度は、**ミクソリーディア七度**ということがある。V_7（IV）の第七度音はこのミクソリーディア七度音である。

第2部　和声の理論　　187

　エオーリア旋法は、自然的短音階と同一であり、導音関係
を持っていない。

　こういう教会旋法の、18世紀以後の音楽での使用法は、
だいたい、つぎの三通りになる。

(1)　教会旋法の音だけを使う。

(2)　旋律だけに教会旋法の音を用い、和声には主として全
　　音階、またはその他の近代の和声を使う。

(3)　何かある方法で教会旋法の感じを出したり、あるいは
　　ほんの一部分で、教会旋法を使う。

　この中で、(1)による曲がもっとも少ない。実際、教会旋法
の音だけできいている曲は、19世紀の作品ではほとんどな
い。しかし、主題またはその他のところで、この旋法の音を
使っている曲は少なくない。ベートーヴェンのイ短調の弦楽
四重奏曲 (Op. 132) の第2楽章、ベルリオーズの「幻想交
響曲」や「ファウストの劫罰」などには、そういう例があ
る。そういうところでは、全音階和声にない深い味や皮肉な
感情などが出る。とにかく、その場合の和声は、教会旋法で
基音と属音に相当するものを中心として作られている。

　これに対して、(2)は、割合に多くの曲で見受けられる。そ
して、これは、普通の和声を持ち、調にない教会旋法を変化
音として取り扱っているので、調を拡大した曲のように感じ
られる。バッハのコラールの多くは、そういうものであり、

ブラームスの第四交響曲の第2楽章もその典型的な例である。そのため、そこでは、旋律だけから受けた調性感と和声のついた場合の調性感とに非常な差異がある。

しかし、それ以上に、(3)の方法がもっともよく使われる。短調的長調や長調的短調もこの一種と考えることができる。また、長調のⅠ-Ⅵ、Ⅵ-Ⅴ、Ⅱ$_5^6$-Ⅲなどをさかんに使うと、エオーリアに似た和声効果が生れる（例180a）。

例180bは、教会旋法の知識がないと、変ニ長調で始まるように考えられるが、実はフリーギア旋法（基音はヘ）にもとづいているのである。変ニ長調とすると、バスのヘの音の持続音がおかしいし、第一の和音はⅢ、第二の和音はカンビアータを持つⅣ、第三はⅢ、第四はⅡ、つぎの小節ではじめてⅠがでるという和声進行も変である。もちろん、変ロ短調ではない。導音関係がないからである。

さらに、(3)の方法は、終止法でも見られる。その中で一番多いのは、フリーギア終止法である。その場合に、フリーギアのⅠの第三度を半音上げて長三和音にしたものがよく使われる。特に、以前には、曲の終わりでは必ず長三和音が置かれていた。この終止法では、Ⅳ-Ⅶ-Ⅰ、Ⅵ-Ⅱ-Ⅰ、Ⅵ-Ⅶ-Ⅰが完全終止に対応し、Ⅵ-Ⅳ-Ⅰが変格終止に対応する。この終止法は、導音関係の欠如によるロマン的な憧憬を出すので、ロマン派時代以後、シューベルト、シューマン、

第2部 和声の理論　189

ブラームスなどの頃の作品には特によく使われた。例181
は、ベートーヴェンの後期ピアノ・ソナタから引用したもの
で、ロを基音としたときのフリーギア終止法である。

フリーギア終止法は、バッハやヘンデルの時代にも少なく
なかった。しかし、古典派の時代にはあまり使われず、その
代わりに、N_6（V）-Vから導かれたVII（V）-Vがその代
用としてさかんに使われた（例182a）。これは、モーツァル
トや初期のベートーヴェンでよく見られる終止法である（例
182b）。そして、これはまた、導音を持ったフリーギア終止
法と見ることができるのである。

これについで、ドーリアのII–I、V–I、IV–I–IVの終止法もよく見受けられる（例183）。

2. 全音音階

　全音音階というのは、前にもちょっと触れたように、全音の音程だけでできている音階である。全音音階は、ただ六つの音で八度を埋めていて、多くの教会旋法のように、導音関係を持っていない。そして、完全和音よりも増五度の和音の方が主な役をする。このために、調性は漠としていて、つかみどころがなく、導音関係がないため物憂い感じがでるし、並行五度がさかんに使われて漠々とした効果が生れる。ドビュッシーの曲にはそういうものが非常に多い。

　この音階の使用も、教会旋法のときのように、この音階の曲だけを使う場合と全音階とまぜて用いる場合とに分かれる。そして、同じように、全音階和声との混用の方が多く見受けられる。

　この音階の音だけを使った楽句では、三和音は完全和音でなく、増五度の和音ばかりとなっている。異名同音を無視すると、たとえば、つぎのような増五度の和音が各音の上にできる（例184）。

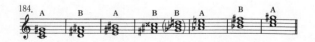

　すると、増五度和音は転回してもやはり増五度和音なので〔174ページ〕、上の増五度和音はAとBの種類だけであることがわかる。すなわち、全音音階の基礎和音はAとBの二種類しかない。さらに、この和声をつけた二つの全音音階を、例185のようにたがいに反対進行させると、六声部の和声が

第2部　和声の理論　　191

生れる。しかし、よく注意して見ると、上の三声部と下の三声部の和音は、異名同音なのである。したがって、反対進行の時でも、普通の全音階の場合と違って、和音が一つおきに交互に変わる面白い効果が出る。

　さらに、この反対進行のように同種の増五度和音を重ねたのでは不協和感の変化に乏しいとし、上下で和音を変えて書くこともある。すると、全音音階の全部の音が同時に鳴ることになる。
　また、これで十一度和音ができるが、その和音の音を省略して、九度や七度の和音も使う。
　特に、旋律として目立つ声部は、だいたいにおいて、全音音階風に接続して進行し、その間にちょくちょく三度（特に減三度）が出る。そして、七度や九度その他の和音を使って、隣接する和音に共通音を持たせ、和音のすべりをよくしたりすることが多い。また、旋律で減三度の飛躍がでると、和声には減四度の並行が生ずることもよくある（例186）。

全音階和声だけに限ると、何といっても調感がはっきりせ

ず、また単調で、しかも安定性に乏しい。そこで、ところどころに、調感の強い和音、あるいは安定性のある和音を置いて、変化を出すというわけである。このためには、属七や減七や完全三和音がよく使われる。また、和声は全音階的にしておいて、その間に全音音階の進行を和声外の音のように挿入することも少なくない（例187）。

3. 近代の和声

近代音楽の和声は、きわめて多種多様であって、このわずか数頁では述べきれない。そこで、ここでは近代音楽でもっとも頻繁に使われるものだけを挙げることにしよう。

まず、今まで述べた以外の音階にもとづく和声を持っている音楽は少なくない。日本の作曲家の曲には、日本の音階を使ったために特殊な和声を持っているものがある。各国にはそれぞれ特有な音階があるが、その中でよく使われているのは、ハンガリー（例188a）とスコットランド（例188b）の音階であろう。ハンガリーの音階は、短三度（ハ－変ホ）と増四度（ハ－嬰ヘ）を含むのを特徴とし、スコットランドの音

階は、半音を持たず、全音半の短三度を二つ含む五音音階であることを特色とする。

近代の音楽で、無調音楽〔197ページ〕や多調音楽〔204ページ〕以外の和声は、たいてい音を付加してできた新和音によるものと見ることができる。

たとえば、三和音に第六度を加えるのもその一つである。これは、七の和音の転回形と見ることができることが少なくないが、また、七の和音の転回と全然別な働きをしていることも多い。こういう第六音の付加は、Ⅰ、Ⅳ、Ⅴなどに多い。例189aはⅣ、bはⅠ（ニ長調）に第六度音を付加した例である。

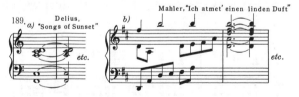

三和音に第六度を付加するのと同じように、三和音に第七度、第九度、第十一度、第十三度音を付加することも多い。これは、正規の通りに解決されれば何も新しいことはないのであるが、ときには解決もされず、また、次々と連続的に使われることもある。こうすると調性が漠然となり、不協和感が強く、独特な色彩的な効果がでる（例190）。さらにまた、

三和音には以上の他の音が付加されることも少なくない。この音は、全音階的であることもあれば、半音階に変化されたものであることもある。これは、上述のような和声音となりうる付加音でなければ、たいてい、解決を遅らせた、または解決を省略した和声外の音が和声音と同時に現われたものと見ることができる。たとえば、例191aでは、解決は最後のところにあり、bでは、右手の最初の六度はつぎの六度（ト

第2部　和声の理論　195

−ロ）の倚音である。そして、右手がこの倚音に解決すると同時に、左手は半音下に移動しているのである。

このほかに、持続音を解決せずに残しておくこともあれば（例192a、b）、解決法を変えてしまっていることもある（例192c、d）。aは、トを基音として終止する場合の進行と見ることができ、しかも最後の基音はV_7（IV）の形になっていて、さらに解決のない変ホと嬰イの掛留を含んでいる（もし解決されたとすると、おそらく、変ホはニに、嬰イはホに進み、完全なV_7（IV）の形となる）。bは、有名な例で、解決されないハの音が持続音としてバスにあり、最後の語を発する。このため、何か疑問を残しているように思われ、調性からは、ロ長調とハ長調の複調音楽のように感じられる。しかし、むしろ、これは、ロの上の九度和音（九度は短九度）を持つものと見た方がよいようである。すると、aと同じくV_9（IV）で終止するものとなる。

cでは、和声外の音イが嬰トに解決されるのを予期するが、これを裏切って嬰ヘに行き、連続した変換音の感じを出

し、さらに嬰トに進まず和声音嬰ハに飛躍している。dでは、第1小節のバスが旋律進行からハかホに進んで解決するのが期待されるが、これは不協和のトに下行飛躍し、それからハに解決している。しかも、それと同時に、この第2小節のバスのトとハは、嬰トと嬰ハに対する解決のない和声外の音とみることができる。こうして、上声部は嬰ハ長調、下声部はハ長調の複調音楽のように感じられる。

　和声外の付加には、やはり倚音に由来するが、上述の場合と少し違うものもある。これは、解決音に接続進行するはずの倚音を解決音と同時に出したもので、二度の音を同時に鳴らしたものとなっている。実際、本来の倚音も、速度が速いときにはこのように感じられるものである。このような付加音は、近代の音楽に非常に多い（例193）。

　さらにこういう二度音程を重ねてできた和音も、近代音楽ではさかんに見られる。20世紀の革新的な作曲家といわれたシェーンベルク（Arnold Schönberg；1874-1951）は、かつて、和音は三度音程で重ねたいわゆる三和音のほかに、二度音程でも四度音程でも、その他どの音程で重ねてもできると主張した。この主張は、それ以来いろいろと論議されてきたが、二度音程で重ねた**二度和音**は、実際に、かなり使わ

第2部 和声の理論　197

れている。そして、四度音程で重ねた**四度和音**は、むしろ、それ以上にさかんに使われていて、近代音楽の研究家などで、近代の音楽の基礎和音は三和音とこの四度和音であると述べている人も少なくない。しかしまた、これらの和音を雑多に混合して使うことも少なくない（例194b）。

こうしたいろいろな和音が使われるようになったのと同時に、近代では、声部と和音の進行も古典派、ロマン派時代の和声と違ってきて、一層自由なものになり、並行五度はもちろん、減八度の並行や増五度の並行さえもさかんに使われるようになった。

4. 無調音楽

　無調音楽というのは、文字通り、調性のない音楽である。その中で、もっとも一般的なのは十二音音楽で、これは、八度を半音で分けた音階、すなわち半音階または十二音音階にもとづくもので、この十二の音のどれにも基音とか属音とかの特別に重要な役を与えずに、十二の音にすべて同等の資格と権利を持たせてできた音楽である。そして、基音や属音がない上に、和音の進行でも調性感が全然ないように書かれている。無調音楽という名称は、このことによるのである。

　現在の作曲家で、無調音楽の手法を採用している人はかなりいるが、今まで述べてきた古典派、ロマン派の時代の和声のように各人がみな一定の原則の上に立っているのと違っ

て、これらの人々の無調的書法の技法的な基礎は、必ずしも各人同一だとは限らないのである。しかし、その大部分の人は、シェーンベルクの提唱した十二音音楽の理論を土台とし、その上にそれぞれ独特な理論体系を作って、曲を書いている、といって差支えない。

十二音音楽は、今述べたように、どの音も同等の資格で使用するから、十二の音を使ってできる和音の数は、全音階（長音階や短音階）にもとづく音楽で使用可能な和音の数よりもずっと多い。したがって、無調音楽、あるいはむしろ十二音音楽は、一層新鮮な色彩を出すことができ、より広い表出能力の範囲を持っているということもできる。

無調音楽の代表的な理論として、本書では、シェーンベルク一派の十二音音楽の作曲方法から説明しよう。十二音音楽では、音階とか調のようなものはないが、その代わりに、楽曲の基礎をなす**音列**（独；Tonreihe、英；tone row、仏；série）というものがある。これは、半音階の十二の音をつぎに述べるような特殊な順序で配列したものである。すなわち、各十二の音を、高さの順に、しかも隣接する各音間の音程が相互にみな違うように配列する。その一例は例196の通りで、数字は、各音間の半音の数を示す。

こうしてできた音列を、横の順序はそのままにして、同音の音ですべて八度の範囲内に入るように例197のように直す。

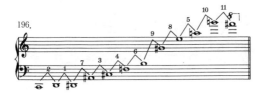

このようにして作られた音の列を十二音音楽の音列というのである。したがって、音列は、十二の音をただ一回ずつしか含んでいない。こういう音列のいくつかを、例196のように数字で示して掲げてみよう。

 3 4 7 2 1 6 11 10 5 8 9
 10 1 3 5 8 6 4 7 9 11 2
 8 9 10 11 5 2 4 3 6 1 7

これらの音列にはいろいろな面白い性質がある。その中で同時に特に重要である性質をひとつ記しておこう。このいくつかの音列の中には、6を中心として、対称になっている数字の和がすべて12になっているものがある。たとえば、前表第1行の3472……はそうで、6を中心として、$1+11=12$、$2+10=12$、$7+5=12$、$4+8=12$、$3+9=12$である。第2行もそうである。こういう音列は、**対称音列**という。このような対称音列の性質を音楽的にいうと6番目の音を中央として、後半は前半の逆行になっていて、6番目の音を中心として、たがいに増四度をなしているということになる。たとえば、前表の第1行の音列でいうと、例198の通りになる。

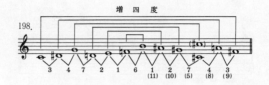

ところで、どの音列も、楽曲の基礎として使われるが、それだけでは単純になるので、他の音列も使用するのが普通である。それには、統一の点から見て、この原音列の変形を用いるのが好ましい。原音列の変形法にはいろいろある。転回〔313ページ〕、逆行〔328ページ〕、転回逆行はその主なものであるが、その他にも五度変化、四度変化、およびその逆行や転回がある。五度変化と四度変化というのは、例199のように十二の音と五度系列および四度系列の音を対応させてできた音列のことである。

つまり、各十二の音と五度系列と四度系列の各音の対応関係は、つぎのようになる（例200）。

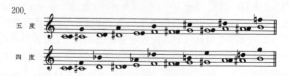

こうして、たとえば、例197の音列を基礎にすると、つぎのような変形ができる（例201）。

第2部 和声の理論 201

201.

もちろん、楽曲の基礎となるどの音列もハの音から始まるとはかぎらない。シェーンベルクの管楽五重奏曲（Op. 26）の音列は変ホの音で始まっている。

とにかく、こういう音列が基礎となって旋律や和声が作られるのである。旋律は、この音列の音を順序通りに、しかし楽想にしたがって適当なリズムをもって作られる。ときには、旋律は、音列の最初の音からではなくて、中途の音から始まっていることもある。そして、上述のような変形列を次々と使用するのである。しかし、原音列や変形列は、その場合、かなり変化していることもあり、旋律ではある音を連続反復したり、トリルやトレモロのように装飾音風に使った

りすることもある。このように音列を変化させて使用する方法には多くの規則があり、ある音を八度高くまたは低くしたりするのはいいが、八度以上の飛躍が現われてはならないとか、分散和音風の進行になってはならないとか、いろいろのことがいわれている。さらにまた、ときには、今までの音列のように、隣接する各音相互の音程がみな違うのでなく、二、三の同じ音程を含む音列を原音列として使うこともある(例202a)。もちろん、この場合でも、系列内には、各十二の音はただ一回しか現われない。そうでないと、一つの音を特に重視したことになり、調性を感じさせやすいからである。こういう音列が実際の曲の旋律でどう使われているか、つぎに簡単に示す。例202bはaの転回形である。このaとbおよびその逆行が、c（実際の曲）でどのように現われているかに注意。

また、いうまでもなく、この音列が、曲の中途で移調また

Schönberg, Op.26

第2部　和声の理論　203

は転調の感じを出すために、系列の第一音を他の音に移し、系列全体を何度か上げ、または下げて現われることもまったく普通のことである。

　和声も旋律と同じように、同一の音列にしたがって作られる。そして和音は、一般に音列を例203のaのようにいくつかに分け、それにしたがって構成されていて、その音列の順序ででる。bの和音は、aの転回を六度上に移したものにしたがってできたものである。

　さらに、旋律は音列にしたがい、和声がその転回系列などの変形にしたがっていることも少なくない。

　また、十二音音楽では、対位法を好んで使うが、その場合にも、各声部は一つの原系列を基礎としているのであって、

たとえば、各声部が同一の音列によっていたり、上声部が原音列、低声部がその転回や逆行などの変形列にしたがっていたりするのである。全然関係のない二つの音列で対位法を作ることはあまりない。例204の上声部は原音列、中声部は転回移動系列、低声部は五度変化の逆行にしたがっている。

とにかく、無調音楽は、非常に知的で技巧的な音楽で、きわめて思索的に構成されている。無調音楽だからといって、全然何の秩序もなしに作られているのではないのである。

5. 多調音楽

多調音楽とは、同時にいくつかの調性が進行することである。たとえば、上声部でハ長調、中声部でニ長調、低声部で変ホ長調の進行する曲があれば、これは多調音楽であるという。そして、調性が二つのときには、特に**複調音楽**ということがある。

無調音楽が主にドイツ系の作曲家たちから起こったのに対し、多調音楽はフランスやイタリアの作曲家を中心として隆盛になり始めた。そして無調音楽に対していろいろの理論的基礎があるように、あるいはむしろそれ以上に、多調音楽の理論は各人各様で今のところ一定していない。おそらく、この多くの説の中でもっともセンセーションを起こしたのは、フランスのミヨー（Darius Milhaud；1892-1974）が1923年に発表した論文であろう。しかし、その前にも、イタリア

現代の最大の作曲家の一人カセルラ（Alfredo Casella；1883–1947）が1922年に発表した論文も相当の衝撃を与えたものだった。

ミヨーの説によると、複調音楽で二つの調がそれぞれ三和音和声にもとづいていれば、この音楽で生ずる和音は、結局は三度を重ねてできた和音から導かれたものにほかならないのであって、複調音楽のこうした和音の可能性は、ハの上の完全和音を基礎にとると、つぎの四十四個であるというのである。例206aのⅠ、Ⅱ、……、ⅩⅠは、それぞれbのようなABCDの形のものでありうる。

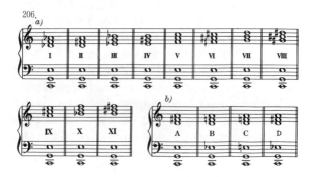

そして、これらの和音は、すべて、六つの転回形を持っている。たとえば、ⅡAの和音は、例207のように変形できる。

こうすると、例208aはVIAの形で、bの最初の和音は明らかにXIDであるといえる。

多調音楽の場合の和音もこれと同じことである。しかし、三つの調のときには、例206aの和音は55になり、bは8になるので、合計440の多くの和音ができる。しかも、三つの調の和音を同時に使うと、もうひとつの別な調が強く暗示されることも少なくなくなる。また、和声的に、半音階の十二の音を全部平等に使う無調音楽風のものとなることもある。

ミヨーのこうした和音論は、もちろん、いろいろと論議された。たとえば、ハの完全三和音の上に置いた他調の和音は、解決のない一種の倚音風の和音にすぎないともいわれたし、カセルラは、一緒になったことが大切で、そのために特にどの調が同時に現われているかはいえないと述べている。また、オネゲル（Arthur Honegger；1892-1955）は、二つの音でできた和音から十二の音でできた和音にいたるまで、すべての和音は、属十一または属十三に由来するもので、この属和音の変形となっている（ときには解決のない倚音や変化音を持っている）と主張している。そして、この根拠として、音響学でいう倍音（または上音）列を挙げている。

こうして、オネゲルは、多調音楽でも、すべての和音は属和音から由来するもので、この属和音の変形法で安定性が変わるとしたのである。

第3部　転調の理論

第1章　転調

　これまで調べてきた和声は、転調とほとんど無関係だった。属七その他の和音による調の拡大も、転調というほどのものではない。そういう場合は、一つの調性がその他の調の和音を含むある長い部分全体を占めていて、その間で調が一時拡張されているのである。これに対して、転調は、それまでの調性を完全に放棄し、新しい調に移って行くのである。たとえば、つぎの例210では、第4小節まではニ長調であるが、第4小節以下はイ長調になり、第8小節にイ長調の完全終止がある。そして、第4小節のニ長調のⅠはイ長調のⅣと同形である。つまりこの和音で旧調が放棄されると同時に、新調が導入されるのであって、この和音は、ニ長調のⅠとイ長調のⅣの二通りの働きをしているわけである。そして、第

5小節でⅤ、ついでⅠが出る。すなわち、新調に入るとすぐに完全終止の和音進行が現われて、調がはっきり示されているのである。

転調の媒介和音が両方の調に共通な場合、この転調を**全音階的転調**という。これに対して、つぎの例211では少々事情が違う。はじめの2小節はト短調であるが、第3小節で変ロ長調に変わる。しかも、ト短調の最後の和音は変ロ長調の最初の和音と同じものではない。変ロ長調の最初の和音はト短調のⅢの第五度音を半音階的に変えたもので、ト短調の最後の和音は変ロ長調のⅢ₇の第三度音を半音階的に変えたものである。つづく変ロ長調−変ロ短調−変ト長調の場合も同じことである。こういう転調を、**半音階的転調**という。したがって、この転調では、旧調の変化和音（音階固有の音以外の音を含むもの）を新調の音階固有和音、または変化和音としているわけである。

ところが、例212では、さらにまた転調方法が違う。この場合、ホ短調の増六度和音がヘ長調の属七に異名同音的に変えられており、この和音が二つの調の媒介をなしている。こういう転調を、**異名同音的転調**という。

どの転調のときでも、例212のように、旧調から新調に入ると新調の完全終止か属七系、または基音系和音を出して、調を確立するのが普通である。

第3部 転調の理論　211

212.

第2章　全音階的転調

　全音階的転調は、転調のなかで一番簡単で、しかももっともなめらかである。この転調は、両調の共通和音が新調の導音を含み、それが新調の基音に進むときに一番自然である。そのため、この共通和音は、新調の属音系の和音のときに一番効果がよい。しかし、共通和音が下属音系（II、II₇、IV、IV₇など）のときでも効果がいい。それは、下属系和音は属和音に進む傾向を持っているからである。この共通和音は、旧調ではどの和音であるか一般に決まっていないが、もっとも普通に、基和音系（I、VIなど）である。基和音系だと、それで安定性がでて、以後に大きな期待を持たせないからである。前例210では、旧調の基和音が新調の下属音に変えられている。

　全音階的転調は、遠い調、すなわち関係の薄い調へ行くこともあるが、だいたい、第二次関係の調以上に進むことはない。しかも、第二次関係の調への転調でも、調の性（長と短）が新旧の調で別なことが多い。すなわち、長調または短調からこの基音より完全五度上、または四度下の短調、または長調への転調が多い（たとえば、ハ短調−ト長調、ハ長調−ヘ短調）。この転調も、一般に、やはり旧調のIを新調のVに変えるか（旧調が長調のとき）、旧調のIをIVに変える（旧調が短調のとき、ただし新調のIVは短三和音に変形されている）、あるいは旧長調のII₇（半音下げた下中音を持つ）を新短調のVI₇（半音上げた下中音を根とする）に変えるかで行われる。このなかで、後の二つは半音階的転調と見てもよい（例213）。

　全音階的転調は、また、同基の長短両調間を橋渡しするのにもよく使われる。この両調間で違う音は、中音と下中音だ

けなので、この転調は非常になめらかであり、しかも調の性が変わるので、同性の調の間の転調よりも目立ちやすい。この転調は、多くの場合、強拍部の属和音、とくに属七を媒介として行われる。

しかし、下中音を半音変化して調性を変え、しかもそれが短い間なら、これは転調よりもむしろ調の拡大といった方が適切なことが少なくない。例214もそういうもので、ハ長調のⅠはハ短調のⅤ（Ⅳ）と見ることができる。また18世紀のバッハやヘンデルの短調の曲は、ほとんど普通といってもいいくらいに、同基長調のⅠで完全終止して、短調のⅠを使うときより大きな安定性を出している。こういう終止のⅠを**ピカルディ三和音**という（例215）。

第3部　転調の理論

最後に、全音階的転調と半音階的転調の中間のような転調もある。これは、終止法で旧調を終止（特に男性完全終止〔119ページ〕）する点で全音階的であるが、新旧両調の共通和音というものがなく、すぐに新調の和音（特にⅠ、ⅥまたはV_7など）を出すので半音階的転調のようでもある。こういう転調は、急にこれまでの気分を一新するので、きわめて効果的なことが少なくない。そして、この方法だと、かなり遠い調へもいきなり転調することができる（例216）。

転調連進〔180ページ〕の転調も、多くの場合、この終止転調と似ているが、既出例177からわかるように、旧調の最後の和音は必ずしもⅠとは限らず、共通和音のこともあれば、旧調の属和音のこともある。

第3章　半音階的転調

　半音階的転調は、種類が非常に多い。旧調のⅠ、Ⅳ、Ⅴ、またはその他の和音の構成音のいくつかを半音階的に変形すればこの転調が行なえるのであるから、数が多いのも当然である。三和音の簡単な変形による半音階転調は、述べるまでもないと思うから、つぎに、重要な変化和音だけを掲げてみよう。

　まず、属七、属九などの属和音系の不協和和音は、その構成音を変化させて、他調の属和音とし、その調の基和音に解決することがあり、また、この変化を次々と長く続けて、最

後にある新調の基和音に解決することもある。もっとも、この順次変化させる方法は、六の和音の方がさかんに使われるくらいである。こういう次々と変わる転調は、**経過転調**〔225ページ〕という。とにかく、この属七や六の和音による転調では、旋律またはバスが半音ずつ移動するのが特色で、そのため転調の間はかなり安定感に乏しい（例217）。

属九和音の根の省略による以外の減七度和音、すなわち上基と下中音の七度和音の変形〔169ページ〕も、半音階的転調で有効な働きをする。この場合には、予期しないような効果を出すことが少なくない。なお、この転調は、異名同音転調と見ることもできる（例218）。

ナポリ六度は、長三和音の第一転回形と同じ形だから、転調に役立つことはいうまでもなく、また、和音の響きがいいので〔159ページ〕、転調も自然に行なえる。つぎの例219bの

第3部 転調の理論　219

ヴァーグナーの曲は、ナポリ六度で連進転調を行なった素晴らしい例である。

いずれにしても、半音階的転調は、全音階的転調よりも遠い調に達することができる。たとえば、ハ長調からロ長調や変ニ長調へ行くには、全音階的転調を何回か行わなければならないが、この半音階的転調だと、ハ長調のIにすぐその変形としてロ長調のV₇を結びつけることができるし（例220a）、またハ長調I−変ニ長調V₇ともできる（例220b）。

しかし、そういう転調を面白いものにするのが作曲家の苦心するところなのである。

第4章　異名同音転調

　異名同音転調でもっとも多く見受けられ、もっとも簡単なのは、減七和音を媒介とするものである。前に説明したように〔146ページ〕、この和音は、何回転回しても短三度を三つ重ねた減七和音の形をとっているのである。このため、ハ長調（またはハ短調）の減七（Ⅶ$_7$）は、第一転回で変ホ長調および変ホ短調のⅦに異名同音となるし、第二転回で変ト、嬰ヘ調のⅦ$_7$に、第三転回でイ調のⅦ$_7$に同じものとなる（例221の黒丸の音符は解決の基和音）。

　減七のこういう性質から、音楽で使われる減七のなかで本当に音の違うものは、ただ三種類しかないことがわかるだろう。つまり、十二の短調の中の四つを一つの減七が受け持つからである。もちろん、この三種の減七は、いろいろな形で、しかも異名同音的に現われることがあるので、楽譜上の形は数が多い。こうして、上のハ長調のⅦ$_7$のほかにも、この減七にはさらにもう二種があるはずである。それをつぎに示そう。黒丸の音符は新調の基和音、すなわち解決和音である（例222）。

　減七度の和音は、Ⅶ$_7$のほかに、Ⅱ$_7$、Ⅵ$_7$からも作られることは前に述べた。さらに短調で下属音と下中音を半音上げたⅣ$_7$も減七和音となる。この三つの減七も、やはり、異名同音転調で使われる。ところが、減七度の和音は三種類しかないのであるから、例221と例222の十五の減七の形にこの

II_7、VI_7、IV_7の減七和音が含まれているはずである。こうして、減II_7は例222のBと同音、減VII_7は例222のAと同音、減IV_7は例222のBと同音となっているのである。

VII_7以外の減七和音による転調の場合には〔169ページ〕、普通、新旧どちらかの調がその減七和音をVII_7に使っている。しかしまた、まれには旧調がVII_7以外の減七和音で終わり、新調がその和音をやはり、VII_7以外の減七和音として異名同音的に使うというような場合もある（例218a）。さらに、この媒介のVII_7が新調で他調減七（VII_7）となり（例218b）、それが規則通り解決されることも少なくない。

減七和音による転調では、前述の全音階的あるいは半音階的転調とくらべて、旧新両調の媒介となるこの和音がかなり長く続いていることもある。例223では、減七和音は分散され、旋律の形をとってそれぞれ6小節および4小節も続いている。1小節や2小節続くことは、珍しくない、ごく当り前である。とにかく、減七和音を使うと、非常に遠い調にでもすぐに転調することができる。

減七和音が短三度で重ねられているように、増五度の和音（増三和音）は長三度を重ねたもので、やはり、転回しても増五度の和音となる〔174ページ〕。このため、この和音も異名同音転調の媒介によく使われる。変化和音でない増三和音

第3部　転調の理論　223

は短調のⅢしかないが、長三和音の第五度音（ときには根）を変えると増三和音となるので〔172ページ以下〕、この種の異名同音転調にもきわめて多くの可能性がある。こうして、たとえば、増五Ⅳは、例224のように異名同音となることができる。

しかし、この和音よりも、増六度の和音の方が異名同音転調によく使われる。それは、この和音の中で、イタリア六度、ドイツ六度および増四の和音が属七和音と同じ構成を持っているからである〔163ページ〕。この場合、増六度和音の半音上げた下属音は、属七の七度音に働きを変える。そして、半音下げた下中音は新調の属音となる。このため、増六度和音を属七に異名同音的に変えると、新調の基音は旧調の基音よりも半音上に来る。この場合の転調はいくぶん急激な

感じがある。これに対して、この逆の場合の属七-増六度のときには、属七は元来の解決和音よりも半音下の三和音に解決し、新調の基音は旧調の基音よりも半音下にある。そして、その効果は、前の場合より柔らかい（例225）。さらに、以上の場合、その調の属七の代わりに他調属七を使うこともある。

第5章　経過転調

　これまで挙げた各種の転調のどれかを使うと、ひとつの調からほとんどの調へ転調できる。しかし、実際の音楽では、これらの方法により、ある調からすぐ他の調に行って安定すること以外にも、ひとつの調から他の調に転調するのに、わざわざいろいろな調を順次に経て行くこともある。たとえば、ハ長調から変ホ長調にまっすぐに行かずに、変化を出すためにハ短調、ト短調、変ロ長調、変ホ長調という道を通ったりする。こういう転調は、**経過転調**という。経過転調は、変化のため以外に遠い調に行く場合、直接転調すると急激に効果が変わって不適当な場合にも使われるし、順々に移って緊張や弛緩を出すためにも用いられる。

　経過転調の調の進路はいろいろある。たとえば、調の基音を五度、四度または三度ずつ上げて行くことも、同基の調や並行調を挿入することもあるし、異名同音の調を入れることもある。また、前に述べた減七その他の和音を次々と出す方法もある。

第4部　リズムと旋律の理論

第1章　リズム

　和声的リズムについては、前に説明したので、ここでは旋律的リズムを主として調べることにする。したがって、ただリズムといった場合には、旋律的リズムだけを意味する。

　リズムは、拍子を持つ音系列の各音の長短の関係によって生ずる力のことである。このリズムで基礎の単位となるものは、**動機**という。時計の音の場合には、2拍子の二つの音、すなわち、弱く短いと感じられる音と強く長いと感じられる音との二つが動機である。しかし、この動機の分け方は、音楽では、リズムの他にも、旋律と和声に関係している。こうして、動機はリズムの最小の単位であると同時に、旋律の最小の項でもある。

　リズムには、いろいろな種類がある。拍子から見ただけで

も2/4、3/4、4/4をはじめとして、3/8、6/8、9/8、6/16、12/16などのリズムがあり、そのリズムがまたさらにいろいろと分類できる。しかし、その基本形として、例226の六種類を考えることができる。そして、その他のリズムは、これらの変化したものと見るのである（図中音符下側の──は動機のだいたいの分け方を示す）。

これからわかるように、強拍部には長い音、少なくとも拍の単位と同じ長さの音があるのが自然である。

例226の中で、短長格と長短格は、似た形をしているが、短長格は不完全小節の上拍（弱拍）で始まるのに対し、長短格は完全小節または下拍（強拍）で始まり、簡単な女性終止〔119ページ〕をする点だけがこの両者の相違である。このことは、もちろん、偶数拍子で、長│長というのと│長長│というリズムの区別についても、短々長格と長短々格についてもいえる。このため、この偶数拍子のリズムは上の偶数拍子の短長格と長短格から変化したものと見る学者もいる。

リズムの単位は、だいたい、例226の──から見ることができるが、この基本リズムを変形した場合には、動機の分け方も少々違ってくる。

たとえば、短長格と長短格で第一拍の長い音を二つに分け、第三拍と同じ長さの音符にすると、下の二種のリズムが生れる（例227）。

227.

a) $\frac{3}{4}$ ♩♩♩ ♩♩♩   *b)* $\frac{3}{4}$ ♩♩♩ ♩♩♩

このなかでaは短長格の変化でたいして新しい点を含まないが、bはaにくらべると推進的で速度が速いと情熱的、刺激的になる（例228）。

例228のbやcのようにテンポが速いと、2小節または3小

第4部 リズムと旋律の理論　229

節が一つの動機となり、それが1小節の長さになっているように感じられる。そして、今までの分け方で動機としていたものは、今度はこの大きい動機のいわば部分動機となってしまう。例228のbとcでは、楽譜の上側の――が動機、下側の――が部分動機を示している。また、bでは、上拍のない完全小節で始まり、cでは一つの上拍が始まっているが、実は両方ともすぐに二つの上拍を持つ例227のbの形のリズムをとっているのである。なぜそういうことがわかるかというと、簡単に答えられないが、aのように第一拍と第二拍で同音が繰り返されるときには、動機または部分動機の切れ目はこの二つの拍の間にくるのが普通であり、bでは後に述べるように、和声と旋律の太い線から見てそうならなければならないのである。

　動機の分割法を知るには、まず第一に、和声からみて旋律を簡単にすればよい。たとえば、つぎの例229aとbは例228のbを、cは例228のcを簡単にしたものである。そして2分音符は、元来の旋律で4分音符となっているが、和声的リズムでは重要な音で、しかも安定性のある音なので、原旋律では動機の切れ目にあたっているのである。例229aの最初のへの音と中間のトの音で部分動機が切れるのもこのためであ

る。

こういうことは、さらに細かい音符を用いている場合でも成立するし、3拍子でなく2拍子についてもいえるし、長短格や短長格以外のリズムを細分したときでもあてはまる。そういうときに、全体の釣り合いから見て短い音符は、前進する傾向があるので、動機の最後の音とはならないのが普通である。また、上拍の音符が多いと精力的になり、少ないと弱々しく、落ち着いたものになる（例230）。

リズムを変化させるには、こういういろいろな細分の方法による以外にも、多くの手段がある。そのなかで、特に重要

なのは、**切分音**（シンコペーション）である。これは掛留音のように、同じ高さの弱勢と強勢の音を連結したものである。しかしこの強勢音は、掛留音のように和声外の音とはかぎらない。いずれにしても、切分音では、連結された弱勢音は、つぎの強勢と同じ強さの音になるのである。切分音を持つ場合の動機の分割法は、それにもかかわらず、今まで述べたことと本質的に変わりはない。

このように、音楽を最小単位、すなわち動機に分ける方法を**分節法**という〔259ページ〕。

第2章　複リズム

音楽は、一本のリズムだけで進んでいるとはかぎらない。たとえば、例232の曲は、上声部と下声部のリズムが全然違う。こういう曲は、**複リズム**の曲であるという。いうまでもなく、複リズムの曲は、単リズムの曲よりも変化に富み、複雑な効果を出す。そして、相互の旋律の独立性を高めるのにも役立つので、対位法〔279ページ〕の曲ではさかんに使われる。

こういう複リズムの曲では、リズムのために、上下の声部の拍子が違って感じられることが少なくない。例233冒頭のカッコの中の拍子記号は、作曲者自身の示したものではなく、リズムから見つけてみたものである。

複リズムは、いろいろな方法で起こる。一番簡単なのは、一つの声部のリズム様式と、それをさらに二等分または四等分した音符を持つ声部とによるものである（例234a）。この複リズムを、**細分複リズム**という。しかしまた、二つの声部

の音符単位が二等分率になっていない場合にも起こる。たとえば、一方の声部は8分音符と16分音符で動き、他の声部が8分音符三連音で動くときなどである（例232）。こういう複リズムを、**闘争リズム**という。さらに、一方の声部のリズムが静止していて、他方のリズムがその間に進むというようなことを交互に行ない、リズムが相補的になっても、複リズムが生ずる（例234b）。この種のリズムを、**相補リズム**という。

対位法の曲では、細分複リズムと相補リズムがさかんに使われる。また、相補リズムは、複リズムよりもむしろ単一なリズムと感じられるものもある。たとえば、例235aは、複リズムと感じるよりも、むしろ単一なリズムを持つbのような曲と感じられる。こういう単一な相補リズムは、二つの声部の高さがあまり違ってないときに起こる。

235.

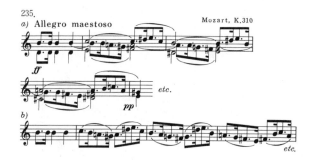

第3章　旋律

1. 旋律の存在

旋律とは、いうまでもなく、"ふし"のことで、いくつかの音を次々と続けたものである。しかし、違う音をバラバラに次例236aのようにでたらめに続けても、旋律になるとは限らない。旋律は、音楽の理論から見て、リズムと和声の法則にしたがっていなければならず、音楽美学からいうと、内容を持っていなければならないのである。こうして、aは旋律といえないが、一方、bは立派な旋律なのである。

旋律は、多くの場合、最高声部にある。高い音だと旋律が目立つからである。ピアノでいうと、普通、右手が旋律を奏する。弦楽四重奏曲や管弦楽曲でも、第一ヴァイオリンが旋律を出すことが多い。しかし、ときには、第一ヴァイオリン以外の楽器も旋律を出すことがある。これと同じように、ピアノ曲でも、旋律は左手の低い声部に出たり、あるいは高声部と低声部で交互に途切れるように出たりすることも少なくない。

合奏曲では、一般に旋律はたやすく認めることができるが、ピアノ曲やヴァイオリン曲などでは、いくらかむずかしいことがある。こういう場合は、たいてい、旋律が分散和音その他で装飾されているのだが、その太い線、和声的に根幹となる線を見つけることが大切である。バッハの平均律クラ

ヴィーア曲集第1巻第1曲のハ長調の前奏曲。この曲は、旋律を一つだけ持っているのではない。まず、分散和音自身が軽快な旋律となっているが、またバスも、中声部の付点8分音符と16分音符も、最高音の16分音符も旋律となっているのである。したがって、この曲の旋律は、実は五声の対位法的なものとなっているのである。そして、この根幹のものをだいたいスケッチしてみると、テンポとリズムからみて、例237bのようになる。

つぎは、メンデルスゾーンの有名なヴァイオリン協奏曲のカデンツァの一部であるが、この場合の太い旋律は、例238bのように最低音でできている。こういう例は、バッハ

第4部 リズムと旋律の理論 239

その他多くのヴァイオリン曲にもある。

　つぎの例は、ショパンのロ短調ピアノ・ソナタ（Op. 58）の終曲である。旋律は、音符の符尾からわかる通り、bである（例239）。

　同じく、ショパンの変ロ短調ソナタ（Op. 35）の終楽章は、つぎのような三連音符の音型で一貫している（例240a）。もちろん、この三連音符自体が旋律を作っているが、その他にも、つぎのbのような大きい線も感じられる。

　このように、分散和音のときに、大きい線を作るには、和音の最高音または最低音、分散和音の強勢音などで決まる。例241のショパンの練習曲（Op. 25-12）にしてもそうである。

　最後に、シューマンとブラームスから各一例ずつ（例

第4部　リズムと旋律の理論　241

242a、c）。もうだいたいどういう旋律が流れているかはわかると思うので、説明は抜きにして、大きい線だけを示す（b、d）。

2. 旋律の形

旋律の形は、直線的に水平あるいは斜めに進むものと、大きな波形で進むものと、小さな波をいくつか続けたものとに分けることができる。

水平に進むときには、多くの場合、和声や力性の変化やリズムを補助として、その単調な気分をいくらか減らしている〔26ページ〕。斜行進行は、全音階的に順次に上行または下行するのがもっとも自然であり、普通、上行のときには属音か

ら始まる。上行で緊張、下行で弛緩が起こることはいうまでもない。そして、もちろん、どの場合でも、リズムの面で重要な箇所には基音か属音がある (例244)。

小さな波形の旋律は、波動の感じを出すので、舟歌などに使われ (例245a)、また、ゆりかごにつり合うので子守歌にも用いられる (b)。また、歌いやすいために、民謡や愛の歌などでも見られる (c)。

これに対して、大きな波形の旋律は、情熱のたかまりを表わす。そして、そのたかまりの頂点が波の頂上となっている (例246の★印の音)。このため、こういう波がいくつか続くときには、最高の頂上は、旋律 (章) の後半部にあるのが普通である。

旋律は、こういう形またはそれの結合した形でできている。もっとも多くの旋律は、全体の中間音または低い音から

第4部　リズムと旋律の理論　243

うねりながら上昇し、後半部で頂点に達している。すなわち、情熱は高くあるいは低くなりながら、旋律の線とともに次第に頂点に達するというわけである（例247a）。これに対して、かなり高い音から下降し、それから最高音に達する形もあるが、これはむしろ少ない（b）。さらにまた、ショパンが好んだ形で、最高音からうねりながら最低音に下降するものもある。このときには、最初に緊張させ、聴く人の心を引きずって行くという感じがある（c）。ショパンは、また、この逆の形、すなわち最低音から最高音に行く旋律も好んだようである。

こういう旋律の頂点の場所は、全曲についてもいえる。たとえば、ソナタ形式では、一般に、提示部、展開部、再現部はそれぞれ後半にいたって最高音を出し、そして結尾がそれ以上の高い頂点を出す。ショパンの数多くのピアノ小曲では、終わりの方に高い音が出る。ショパンの曲で、つぎの例248のように、突然高い音に上がってそれから下降する箇所がよく見られるが、この高い音も決して無意味な飾りではな

く、ちゃんと頂点になっていて、しかも曲の終わりでは、この高い音は全曲の最高音となっているのである。

3. 旋律の進行

　旋律の音は、同じ高さの音に**反復進行**することもあれば、音階のつぎの度の音に**接続進行**することもあり、また、三度以上違う音程の音に**飛躍進行**することもある。反復進行は、調のどの音でも、また半音階的に変化した音でもするが、多くは、調の基音、ないし中音か属音である。この三つの音は、調の**不動度**といって、安定的で、他の音へ上行や下行する強い傾向を持っていない。これに対して、その他の音は、**動度**といって、上行あるいは下行に対する強い性向を持っているのである。まず、第二度の上基音は、基音と中音のどちらにでも進んで安定したい傾向がある。下属音は、長調では中音に下行、短調では属音に上行する傾向がある。下中音は、長調でも短調でも属音に下行する。そして、導音は、いうまでもなく、基音に進みたがる。こういうことは、また、半音階的に変化した音についてもいえる〔131ページ〕。

　この動度が反復進行しているときには、何か落ち着かない感じがある。特に、導音の場合にはそうである。ショパンやシューマンは、この動度の反復を巧妙に使った。

　接続進行は、惰性がない限り、上述の動度の傾向にしたがっているのが普通である。もちろん、この傾向を故意に破って、素晴らしい効果を挙げた曲もある。ここで惰性といったものは、音階的に前の音から進行の傾向が決まっていること

である。たとえば、下中音は属音に進む性向を持っているが、音階の順に1、2、3、4、5の音と進むと、下中音は導音に、導音は基音に上行する性質を持つのである。例249の進行はこの意味で面白い。

飛躍進行は、不動度からも動度からも行われる。しかし、一般に大きい音程の飛躍のときには、特に不動度から動度の飛躍では、その方向はこの動度の進行性向と逆方向である。たとえば、基音から下属音への上行飛躍は、下属音が下行の傾向を持ち、すぐに下行できるから、自然である。これに対して、中音から導音の上行飛躍は、導音の上行傾向のために、あまり自然ではない。また小さい飛躍（三度音程）は、動度からのときには、この動度と同じ方向にしたがうことが多い。

このほかにも、旋律の進行についていろいろのことがいえる。まず、飛躍音程の大きさがある。声楽曲では、減音程や増音程は、歌いにくいためにあまり使われず、また八度以上の飛躍も少ない。これに対して、器楽曲では、19世紀はじめ頃まではこういう音程の飛躍は少なかったが、特に近代の曲では、ほとんどどの音程も飛躍に使われている。増五度や減七度などは、どこでも見受けられる。

また、大きい音程、特に五度以上の音程の飛躍の後に、同方向に飛躍を続けることは少なく、大きい飛躍の後に同方向に接続進行することも少ない。古典派の頃の音楽はこれにだいたいしたがっているが、近代の曲では、これに反したものもかなりある（例250a）。ただし、古典派の曲では、飛躍し

た音が反復進行したときに、それからさらに飛躍と同方向に進むことはよく見受けられる（例250b）。

これと逆に、小さい音程（一度や二度も含む）で同方向に長い間進行した後には、反対方向の飛躍または接続進行が続くのが普通である（例251）。

以上のほかに、単声的な旋律のように見えるが、実は二つ

の旋律を合成した形の旋律もある。こういう旋律を**複合旋律**という。これはバッハやヘンデルのバロック時代の音楽に特に多い。たとえば、例252aは、bのように二つの旋律から合成されたもの、したがって、二声部の対位法をなしていると考えられるし、対位法的に耳の訓練をされた人には、そう感じられる。

4. 旋律の構造

旋律は、動機を次々と並べて作られている。そして、たいてい8小節で完全終止して、一応終わる。さらに、第4小節目には半終止、その他の終止があり、第2小節目には、何らかの方法によって、切れ目または息のつぎ場所が示されている。このように、完全終止までの8小節を章といい、半終止までを節（大節）という。そして、普通、

第1と第2小節、

第1から第2と、第3から第4小節まで、

第1から第4と、第5から第8小節まで、というように、動機、力性、リズムなどいろいろな点でたがいに関係し、または対比している。

しかし、どの旋律も、そういう構成を持っているとはかぎらない。速度の速い曲では、16または24小節で章ができていることもあれば、テンポの遅い曲では4小節で章のできているものもある。こういうものは、普通、一般の1小節が2小節または3小節に拡張されているか、あるいは半小節に短縮されていると考えられ、事実、そういう感じを出す。バロック時代では、このように変化した16小節の章というのは、きわめて当り前のことだった。

また、12小節や16小節その他の章などもある。こういうものも、8小節の章の変形と見ることができる。

音楽は、結局、こういう章をいくつか続けたものにほかならないのである。

章は、動機を続けたものであるが、その動機は、すべて完全に違うものであるとは限らない。章を作る動機のなかでたがいに完全に違うものは、普通、三つか四つ以内であり、その他の動機は、この少数の動機の変形になっている。

動機の続け方で一番簡単なのは、同じ高さで同じ動機を反復するものである。これは、長く続くと平凡単調になるので、せいぜい2、3回繰り返すくらいである（例254a）。この

ため、同じ高さで、しかし、少し形を変えて動機を反復することもある（例254b）。

これが一歩進むと、動機を違う高さで反復する連進〔179ページ〕となる。連進では、動機の形は同じこともあるが、少し変わっていることもある。連進の場合の各動機の移動の音程は、二度であることが一番多い。しかし、バッハやベートーヴェンは、四度の連進も好んで使った〔180ページ〕。

反復や連進にくらべると、動機の縮小や拡大は、ずっと変化に富んだ効果を出す。また、動機を短縮あるいは延長することもある。縮小というのは、旋律的な形を変えずにリズム的に縮めることで、短縮は、動機の一部分を省略して短くすることである（例255b）。拡大（例255a）と延長は、いうまでもなく、この逆である。

また、動機は、転回されることも、装飾されることもある。転回というのは、元来の動機で下行すべきところを上行し、上行するところを下行することである（例256a）。装飾は、もとの動機の音にさらに装飾風の音を加えて、動機を飾ることである（例256b、c）。

こういういろいろな変形は、もちろん、同時に起こることもあれば、次々に行なわれることもある。そして、著しく変形すると、こうしてできた動機が元来の動機とあまり関係がないような形にまでなることがある（例257）。

　これが極端になると、二つまたは三つ異種の動機を続けたものになる。しかし、四種の違う動機を続けたものは、統一性が破れるのでほとんどないといってさしつかえない。しかも、実際には、違う動機が三つあるようでも、たいていは、その一つがほかのものに関係あるものとなっていることが少なくないのである（例258）。

　正規的な動機は、前にも述べたように、弱拍で始まり、小節の縦線を経て、強拍で終わる1小節の長さを持っている。そして、この動機が四つ集まると節ができ、八つで章となる。節は、動機から見ると、一般に、つぎのもののどれかに

なっている（a、b、cは動機）。

1. a a a a   6. a b b a
2. a a a b   7. a b b b
3. a a b a   8. a b a a
4. a a b b   9. a b c c
5. a b a b

　章は、この九種の節の二つを続ければできるのであるが、変化と統一が必要なので、どの節を組み合せても章になるとはかぎらない（たとえば、7と9）。統一のために、aだけによるものか、aを主に使いときおりbを出すもの、あるいはaとbを交互に出すものなどがもっとも多い。そしてこの同種または異種の動機の並べ方によっても、落ち着いた感じや、変化に富む陽気な感じなどが生れる。

　旋律は、章の終わりで完全終止するが、必ずしもそこで完全に切れてしまうとはかぎらない。ときには、完全終止して

すぐにつぎの章が続いていることもあれば、完全終止の音が同時につぎの章のはじめの音のこともある〔270ページ〕。

一つの章だけでできている音楽は、**一部形式**の曲であるという。一部形式の曲では、何といっても、構成が簡単で材料が少ないので、内容は貧弱で、思想も深くない。このために、大衆を相手にした民謡とか子供のための童謡のように、単純な音楽以外には、一部形式の曲はほとんど見あたらない。しかし、変奏曲やソナタその他の主題に作られることが少なくないので、そういう一部形式も十分研究する価値があるのである。

一部形式以外の曲では、最初の章が終わると、つぎにまた章が続く。こうしていくつかの章で大きい曲が作られているが、章と章の間には、ときには、章とも節ともいえない挿入句があることがある。この挿入句は、音階風のことや分散和音風のことやつぎの句の動機の変形であることが多い。しかしまた、こういう挿入句は、節の間にあることもある。とにかく、この種の句は、つぎの節または章に対する上拍のような働きをするので、**総上拍**という。

こうして、旋律は、絶えることなく、曲の初めから終わりまで、続いているのである。

第4章 旋律と和声

　旋律と和声はたがいに密接に関係している。まず、章は、前節と後節とでできている。そして、前節は半終止その他で終止するのに対して、後節は完全終止その他で終止する。しかも、前節と後節は動機的、リズム的にも対応している。これと同じように、前節における和声的リズムは、一般に、後節でも維持されて、対照の役をしているのである。すなわち、前節の和声が第2小節目で変化すると、後節でもそこで和声の変化が起こることが期待される。音楽では、対比や変化と同時に、対照による統一も必要なのである。しかしときには、後節がこのように前節と対応している上に、さらに、終止への切迫した感じを出すため、終わり近くになって和声的リズムを細分していることも少なくない。つまり、後節では、前節での和声変化の箇所と対応していることで和声を変えるほかに、さらに細かく和声を変えていることが少なくないのである。

　和声の変化は、どこで起こるか決まっていないが、一般に、強拍で生ずるのが自然である。特に、属、下属、基の間の和音進行のように、和声的に強い性格を持つときには、強拍で変化が生ずることが多い。

例261では、旋律的リズムと和声的リズムは、ともに強勢を小節の第1拍に置いている。もし、旋律的リズムが切分音または休止符で変化し、しかも和声的リズムが上の原則にしたがうと、曲は複リズムになる。そして、小節による曲の分割、すなわち小節縦線の所在は、和声的リズムから感得される。この場合に、和声がついてないと、つぎの例262aの旋律は、bのように感じられる。

このため、さらに、旋律的リズムと和声的リズムの強い箇所とが一致し、しかもそれが強拍部にないときには、これが長く続くと、この曲を聴く人は小節の縦線を原曲の楽譜とは別に想像してしまう。この場合、旋律的リズムの強い箇所とは、長い音や切分音または休止符のために、リズム的に重くなったところをいう。和声的リズムの強い箇所というのは、和音の根が二度、四度、五度（ただしⅠ-Ⅴの間のみ）または六度上行するところ、五度、四度（ただしⅠ-Ⅴのみ）、三度下行するところ、あるいは不協和音からその解決和音に進むところなどである。バスの進行は必ずしも和音の根の上行下行とは一致しないから、バスの進行からは和声的リズムの強弱は判定できない。とにかく、旋律的でも和声的でも、こういうリズムの強いところでは、切分音のときや前に休止

第4部 リズムと旋律の理論 255

がある場合以外には、一般に、小節の縦線があるか、弱拍から強拍への移行がある。例263では、小節の縦線は、実際には点線で示したところにあるように感じられやすい。したがって、作曲者の示した通りの拍子で演奏するのは、この種の曲ではむずかしい。

さらに、旋律的リズム、和声的リズムおよび拍子の三つが一致しないこともある。このときの効果は、きわめて複雑であり、縦線も楽譜とは別に感じられがちである（例264）。

以上の二通りの書法は、対位法音楽とショパン、シューマン以後の音楽に多い。

最後に、静止和声のときには、拍子感は旋律的リズムから得られる〔66ページ〕。

こういうリズムと拍子の関係は、節や章の不正規な構造を考える場合に、重要な役をする〔265ページ〕。

章は一つの調に支配されているとはかぎらない。途中で転調し、最初の調と別な調で完全終止することもある。しかし、複合三部形式〔335ページ〕やロンドあるいはソナタ形

式のような大きい曲では、曲の最初のいくつか（一般に三つ以内）の章は、中途で軽度な転調をすることはあっても、普通、一つの調に支配されていて、その終止和音はその調のV－IかV（V）－Vという形が多い。その章のはじめ、すなわち曲の冒頭には、調を明示する和音の進行があることが普通であるが、和声のところで述べたように、V（IV）やナポリ六度やその他の和音があることもある。ベートーヴェンのピアノ・ソナタ（Op. 31-3）、ショパンのバラード（Op. 33）などはその代表的な例である。

これに対して、曲の冒頭の章が転調している場合の転調の箇所は、特に古典派および初期ロマン派時代には、だいたい、つぎのようなものが多い。

(1) その章の第8小節が元来の調で終止するときには、対照関係〔253ページ〕を乱さないため、第4小節。
(2) つぎに続く章が元来の調にあれば、第8小節。
(3) しかし、変奏曲、ロンド、ソナタ形式の主題のように、いくつかの章が集まっていて、その主題が基調で終

止する場合には、第2節または第1章の終止和音以後に転調を始め、自由に転調して最後の章（最後の節）で基調に戻ることも、ときとして見受けられる。

したがって、こういう三種の転調では、実は他調の和音の導入による調の拡大と見てよい場合も少なくないのである。また、曲の内部の章での転調は、いろいろあり、一回しか転調しないことや、次々と転調していくこともあって、いちがいにはいえない。しかし、古典派の曲では、転調の少ない章は、その曲の重要な箇所であるということができる。たとえば、ロンド形式の副主題、ソナタ形式の第二主題や小結尾など、そういうものである。

上記の転調様式で、第一種は、主として属調に行く。まれには、特にベートーヴェンやブラームスで、下属調に進むこともある。

第二種の転調様式では、曲の冒頭が二部形式か三部形式になっているのが普通である。すなわち、**二部形式**は、二つの章からなるものであり、公式的にいうと、主として、長調のときには、第1章第1節は基調の半終止、第2節は属調に転じて完全終止する。第2章第1節は基調に戻って半終止、第2節は基調で完全終止する。そして、構成上から見ると、この二部形式は、第1章の第1節を変形して第2節とし、それをまた第2章の第2節に出し、第2章の第1節では第1章の動機と適当な関係を持たせ、しかも対比させている。こういうことから、この二部形式は、ソナタ形式の発生にかなり影響を与えたと見ることができる。それというのも、発生期当時のソナタ形式、すなわち、エマーヌエル・バッハやハイドンの初期の作品では、第二主題はたんに第一主題を属調で出したものにほかならなかったからである〔364ページ〕。これに対して、短調の二部形式では、短調のソナタ形式と同じよう

に、少なくとも以前には、並行長調に転ずることが多かった。そして、その他のところでは、上の場合と同じようにできている。

こういう公式は原則的なものである。

二部形式で第2章第1節は挿入的な句の役目をするが、この節を章にし、第2章第1節も章に拡げて第1章の反復とすると、**三部形式**が生れる。すなわち、長調では、

三部形式 { 第1章——基調の前節、属調の後節
第2章——属調から基調へ転調
第3章——第1章の反復であるが、二つの節はともに基調 }

というものが三部形式の正規的なものである。短調では、主として並行長調への転調がある以外には、長調のときと本質的な変化はない。しかし、第3章の後節は、ピカルディ三和音〔214ページ〕を使って、同基の長調で終わることもある。また、短調では、第2章で並行長調–下属調–属調という転調があることも少なくない。いずれにしても、三部形式、二部形式、一部形式という順に、曲の内容が単純になっている。

第5章　分節法

　分節法（フレージング）というのは、文字通り、節（フレーズ）に分ける方法である。節に分けるには動機の分け方を知らなければならないから、分節法は動機の分け方であるといってもよい〔227ページ〕。

　なぜ、動機の分け方や節の区切り方を知らなければならないか。その答えは簡単である。歌曲についていうと、歌詞の節は音楽の節または章と一致していなければならず、音楽の節または章で歌手は息をつがなければならないからである。そうでないと、音楽と歌詞が合わなくなり、歌いにくいばかりでなく、聴いていても息苦しくなる。作曲をはじめたての人の歌曲には、息つぎの悪いものが少なくないが、それは、たいてい、分節法がなっていないことによる。

　こういう分節法の重要性は、歌曲以外に、もちろん、器楽曲についてもいえる。すぐれた演奏家でさえ、分節法を無視して演奏している人がある。若い演奏家や理論を軽視した奏者の演奏が面白くないのは、一つはこの正しい分節を行なっていないからである。しかし、分節法を知っているからといって、分節点で音をはっきり切ったのでは面白くない。これは文章の句読法のようなもので、その分節点で明確に音を切らなければならないということを示すのではない。

　分節を行なうには、まず第一に、リズムを調べ、第1章〔227ページ以下〕で述べたように、リズムからだいたいの動機の長さを知る。その原則として、句が休止符で中断すれば、そこに分節点があり、また、句が終止法を使っていれば、そこにも分節点がある。そして、全体から見て長い音の後には、一般に、分節点がある、ということがいえる。その理由は安定性のためで、説明するまでもないだろう（例

265)。

このなかで、dとeは完全小節で、しかも長い音で始まっている。そういう場合には、最初の小節の前に何か短い音があり、それが省略されたのだと考えるのである。長い音は、前に短い音があってこそ、安定した落ち着いた感じを出すのである。

この原則に似たものに、音階風の旋律の場合の分節法がある。すなわち、音階にしたがって接続進行していたものが、飛躍する場合である。そして、この飛躍点が分節点になる。こういう飛躍の音程は、分節のために前の進行と離れたものになるので、**死音程**といい、その分節点を**死点**という（例266）。

例266で、eは音型が連進している場合である。また、一つの方向に接続進行していて、それが方向を変える時でも、

分節点が出る。その場合には、分節の最後の音は、強拍または音型の最初の音となることが多いが（例266d）、その他のこともある（例267）。それをくわしく知るには、進行の方向と、237ページで述べたように、旋律の太い線と和声的基礎

を見なければならない。だいたいからいって、安定性のために、和声音は分節の終点、非和声音は始点である。分節法では、静止とか安定性が重視される。

同じ理由で、同音が二回反復されているときには、その間に分節点がある。三回以上反復されているときは、やはりリズムと和声、および旋律の太い原型から分節点を調べなければならない。

このように、分節点は旋律の形からだいたい知られるが、それに対して例外もあるし、上述のような形を持たない旋律もある。そういうときには、和声とリズムの知識が必要である。和声では、どこに終止があり、旋律のどの音が和声的に重要であるかを調べる。終止形では、一般に、

のように分節されることが多い（縦の線は小節の縦線）。また、リズムでは、前にあげた基本的な種類のリズムのどれが変化したものかを見て、リズム的な重点を求めるのである。

こうして、旋律を基礎的な大きな進行に還元する。そして、上に述べた方法にしたがって、この太い旋律を分節し、この分節を本来の旋律に順々と適用して行くのである。

最後に、動機の終わりがつぎの動機のはじめになっていて、この二つの動機または部分動機がいくつかの音を共有していることもある。この場合には、同時に終わりとはじめの感じがあるので、演出上むずかしいわけである。こういう分節は、多くは、強拍に不協和音があり、その解決がつぎの弱拍にきていて、しかも、この旋律的解決音がアクセントその他、sfなどの指示で強勢にされているとき、あるいは和音の根やバスとの関連のために起こる。

第4部 リズムと旋律の理論   265

第6章　不正規な構造

　不正規的な章は、文字通りに解すると、4小節の二つの節からなる章ではないということができる。しかし、16小節や4小節の章は小節の区分によるだけで、実は内面的に正規的な構造を示しているのが普通である。たとえば、ベートーヴェンの速いスケルツォは、4分の3拍子になっているが、たいていは2小節または3小節で普通の1小節の働きをする。したがって、それが16小節や24小節の章を持っていても、本質的には8小節の章と見てよいのである（例270の数字は正規的構成にした時の小節数）。

　同じように、テンポの遅い曲での4小節の章も、8小節の章と変わりないのである。
　バロック音楽では、16小節の章が多いが、これも2小節を一つの小節として、8小節と見ていいものである。
　12小節の章も、バロック音楽や民謡では少なくない。この章は、4小節の節が三つでできていることもあるが、それはむしろ少なく、たいていは、前節後節という対比関係から、6小節の二つの節でできている。つまり、正規的な4小節を2小節拡張した節でできているのである。
　これ以外の不正規的な章は、だいたい、正規的な章の拡張

または縮小、あるいはその他の変形によるものである。

拡張では、節または2小節の半節の終わりを反復、または連進、あるいはその他により終止感を強化〔119ページ〕するものがもっとも多い。まず、半節がa｜bという構造を持つときに、a｜b｜bと3小節にしたものがある。

シューベルトの有名なハ長調の大交響曲の冒頭のホルンの旋律は、この構成を示している。この旋律（例271a）は、正規的な形で書いたとすると、bのような小節になるべきものだろう。こういう半節の拡大は、バロック時代およびハイドンやモーツァルトでよく見られ、またブラームスでもしばしば見られる。とにかく、この種の構成では、つぎの半節も、対照のために、終止強化の反復をしていて、全部で6小節の節となっているのが普通である。シューベルトの例では、最後にさらに2小節の終止強化を置いている。

また、動機にいくつかの音を挿入し、たとえば2小節の項を3小節に拡大しているものもある。この方法では、おもに、弱拍部に音を挿入し、この挿入音が一種の反復のようになっている。つぎのAとBでそれぞれaはbの原型であり、原曲では、aはbのすぐ前の部分で現われている（例272）。

この例は、前例271aのように、終止部を繰り返しているのではない。これと同じく、終止部でなくて、第1小節や第3小節のような、終止に関係ない小節、すなわち、いわば弱拍に対応する弱小節を反復していることもある。

2小節の半節が終わりのところで拡張されるのと同じように、4小節のはずの節も終わりに付加的な終止を持って、5小節または6小節に拡げられていることもある（例274）。

このような節の拡張と対応して、章でも、終止の強化のために拡大されていることが少なくない（例275）。

以上のように、章の拡大のときには、テンポを幾分変えて演奏し、正規的な構成に近い感じを出したり（終止以外の反復や挿入の場合）、終止感を強めたりすることが多い。

また、上述以外の、章の拡張法もある。そのなかで、三連

小節によるものはもっとも重要である。

　三連小節というのは、三連音符がある大きい音符を二つに分ける代わりに三等分してできたものであるということに対応して、元来は2小節であるはずのところに3小節をおいたときにこの3小節を指す。このようなものは、上述の終止の拡大とも反復とも見られない。そして、こういう三連小節は、三連音符のときと同じように、いくぶんテンポを速くして奏すると効果的である。しかし、そうかといって、三連小節を元来の2小節の時間で演奏する必要はなく、また演奏し

第4部　リズムと旋律の理論　　269

てもならない。

　三連小節では、二つの弱小節〔267ページ〕が続くということに特徴がある。これに対して、終止強化では、二つの強小節（すなわち、正規的に直して数えたときの偶数番小節）が続くのが普通である。さらに、三連小節は主として、正規的な章の第2と第4小節の間、あるいはむしろ第6と第8小節の間に現われる。

　章の拡張には、このほかに、半節、節、あるいは章の前に導入的な総上拍をおいて行なったものもある。この総上拍の長さは不定である。ベートーヴェンは、章の動機で総上拍を作るのを好んだようである。ロマン派時代、特に、シューベルト、ショパン、シューマンなどは、和音や走句による総上拍をよく用いた。こういう章に対する総上拍は、1小節以上に長くなって、旋律的な形をとることもある（例277a）。そういうものが極端になると、シューベルトの有名な「未完成交響曲」（例277b）の冒頭のように、全曲に対する広義の総

上拍となる。そして、さらにそれが進むと、いくつかの章からなる長い序になる。こういう序は、普通、つぎの主要部より速度が遅い。これと同じ理由で、総上拍のときでも、つぎの章と同じテンポで演奏するのが不適当なことが少なくない。そして、この速度を元来の速度より速くするか遅くするかは、総上拍と章との関係による。

　ベートーヴェン以前の曲の序は、大部分、完全終止と休止符で確然と終わるから問題はないが、ベートーヴェンの曲では、序の終わりがつぎの主要部の広義の総上拍になっていて、直接に主要部と続いていることが多い。第四、第七、第九交響曲の第1楽章は、その代表的な例となっている。例278は、第七交響曲の場合である。

第4部　リズムと旋律の理論　271

つぎは、章の縮小を調べよう。

縮小の中で一番簡単でわかりやすいのは、動機の**交重**である。すなわち、文字通りに、動機を重ねることである。一つの章が完全終止したと同時に、この終止音でつぎの章を始めるものも、この方法に属する。すると、たとえば、16小節で二つの章ができるはずのところ、15小節で二つの章ができる。一方の章の最後の動機は、もちろん、つぎの章の最初の動機と交重している（例279）。

こういう場合には、強小節が弱小節に意味を変えるのであるから、楽譜上で力性やテンポの変化が指定されていることが少なくないが、その指定がなくとも、演奏のときにこの変化をはっきり表現することが大切である。すなわち、前の章の終止を、わずかにリタルダンド（ゆるやかに）して目立たせ、両章に共通な音で本来のテンポをとるのである。これに加えて、もちろん、力性も変える。これにくらべると、前の章の終止でつぎの章の第2小節が始まるという構成では、強小節が強小節になっているのであるから、演奏も楽である（例280）。

　前章と後章が3小節を共有するのは少ないが、4小節、すなわち節を共有することはかなりある。すると、前章は1-4、5-8小節の構造を持ち、後章は、前章の5-8を前節1-4にしているわけである。こういう形は、三部形式の場合によく見られる。そして、その場合には、第1章は8小節、第2章は4小節または8小節、第3章は8小節または4小節の外観を持ち、第2と第3章が4小節を共有している。ベートーヴェンのOp. 49-2のピアノ・ソナタのメヌエットの冒頭は、これに近い構造である（例281）。

　これと同じように、二つの節が2小節を共有していること

第4部 リズムと旋律の理論 273

があり（三つの節で章ができる）、二つの半節が1小節を共有していることもある。

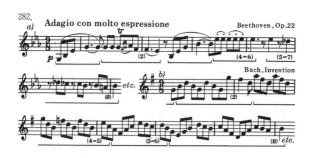

　例282bのように、一つの章の前節と後節が1小節を共有していると、この章は、7小節の長さになり、第4小節が同時に第5小節の働きをする。こういうものは、対位法的な曲、特にフーガではよく見られるが、和声的な音楽ではこれにくらべると少ない。なお、この前節の代わりに章となっていて、この章の終止小節が同時につぎの章の第5小節になっていることもある。これは終止強化の役をすることが少なく

ない (例283)。

動機の交重には、このほかに、正規的な章の第2小節＝第3小節、あるいは第6小節＝第7小節としたものもある。これは、二つの半節が1小節を共有していることにほかならない (例284)。

章の縮小には、動機の交重によるほかに、動機の省略によるものもある。この省略では、すべて弱小節の動機を除去している。強小節動機の省略は、むしろ、前述の動機の交重の一種である。したがって、動機の省略による縮小では、正規的な章の第1、第3、第5、または第7小節の省略したものと考えることができる。この中で、第3と第7小節の省略は、終止の関係から少ない。一番多いのは、第5小節の省略で、これに対応して前節の第1小節の省略も同時に起こっていることがある。こういうときには、この章は、6小節の長さになる。これは、バッハの曲をはじめとして、バロック時代の音楽でよく見られる (例285)。

このように、章が第2小節で始まる時には、その後節は第6小節で始まるのが普通である（第5小節は省略されている）。しかし、第2小節で始まる章が必ず第5小節を省略しているとはかぎらない。それどころか、正規的な章が弱小節である第1小節から始まって、強小節の第8小節で終わるのに対して、強の第2小節から始まって強の第5小節を経て、弱

285.

の第9小節で終わるものも少なくないのである。こういう章は、8小節でできているが、正規的な章ではなくて、正規的な章よりも1小節後方にずれたものと見ることができる。そして、節および章の終止は強でなくて弱小節になっている。これに対して、上で述べたような第1小節と第5小節を省略して第2小節から始まる章は、正規的な章を、省略によってそのままの位置においたものといえよう（6小節の章）（例286）。

正規的な章の第1小節を省略した章があるのと同じく、はじめの2小節あるいは3小節を除去した章もある。2小節の省略では、6小節の章ができることがある。これは、もちろ

第4部 リズムと旋律の理論 277

ん、動機の交重による6小節の章と構造が違うが、やはりバロック音楽や古典派音楽でよく見られるものである。

　バッハの「平均律クラヴィーア曲集」をはじめとして、その多くのフーガ主題〔349ページ以下〕も、ほとんどすべて、正規的な章の第1小節を省略している。そして、バッハの記譜による1小節が、正規的構造の2小節または3小節に対応することも少なくない。こうして必要なときには、原譜にある縦線のほかに、補助的に縦線を加え、新しい数え方で小節数を記すと、これらの主題は、第2小節に対する上拍で始まり、第4小節の第1拍と第8小節の第1拍で終止するのが普通である。主題の模倣、すなわち答句〔349ページ〕は、多くの場合、第4小節で始まり、主題と同じ構造の前節を持っている。したがって、このときには、第4小節は、第1拍以後すぐに第6小節に対する上拍の働きをするのである。いいかえると、第1小節が省略されているのに対応して、第5小節も省略されているのである。こうした構造の主題がバッハのフーガには普通といっていいくらいに多いが、その他の構造

のフーガでは、答句は、たいてい、正規的構造にして数えると、第8小節で始まっている。この場合でも、第1小節と第5小節が略されていることが多い（例288）。

以上で、だいたい、不正規の章の構造の原則的なことを述べた。これはあくまでも原則であるから、曲の構成を調べてみると、上述以外のいろいろな形の不正規な章を見受けるだろう。しかし、よく注意してみると、そういうものは、普通、上述の原則をいくつか同時に使ったものなのである。また、8小節の長さだから正規的だと思っても、実は前節が5小節で後節が3小節だったりすることもあるから、内面的な構造をよく調べなければならない。つぎに、いろいろな変化が同時に起こってできた不正規的な章を、有名な曲の主題の中からいくつか掲げておこう（例289）。

第5部　対位法の理論

第1章　対位法

　対位法とは、周知の通り、独立的な形態と内容を持つ二つ以上の旋律を結合したものである。たとえば、下のa、b、c、dの四つの旋律を結合すると、eの立派な対位法が生れる。ベートーヴェンは、これを第九交響曲に使っている（例290）。

　こういう対位法は、声部（旋律の線）が四つあるから、**四声（部）対位法**という。対位法には、二声部、三声部から六

声部、八声部くらいまでである。しかし、ひとつの声部がはじめから終わりまで八度や三度または六度で重複しているときには、この重複声部を第二の声部とは数えないのが普通である。対位法では声部の独立性ということが肝要だからである。また、和声が加わっていて、しかも和声の声部が旋律的

291.

進行をしていないときにも、和声の声部を対位法の声部には数え入れない。例291aは二声部対位法で、bは、和声的に見ると四声部であるが、対位法的には二声部である。

第2章 対位法旋律の独立性

　対位法旋律の独立性は、旋律の形態とリズムの様式で決定される。対位法をなす旋律の和声的基礎は、相互に同一だからである。

　対位法旋律の独立性をリズム的に得るには、まず第一に、休止点を相互に別のところに置き、複リズム〔233ページ〕を使うのが普通である。

　しかし、複リズムというほどのものでなくても、独立性の効果は十分生れる。

　三声部以外の対位法のときには、このように一つの声部が一定のリズムで流れるように進んでいて、いわば他の声部に従属的立場をとっていることが少なくない。特に、四声部以上のときには内声部またはバスが、こういう従属性を持つことが多い（例294）。

　対位法をなす旋律がリズム的に十分独立的でない場合には、旋律の波の動きの独立ということが大きな役目をする。たとえば、例295ではリズムは酷似しているが、旋律の進行

方向が違っているので、対位法的性格がでてくる。すなわち上声部の上行に対し低声部は下行し、上声部が下行しているところで、低声部は上行しているのである。

これと逆に、旋律の進行方向が似ているときには、対位法的効果を挙げるには、ぜひともリズムが別になっていなければならない。つぎの例では、上声部と低声部は同方向に動き、しかも和声的に見たその太い線はたがいに並行三度で進んでいるが、リズムが非常に違うので、効果的な対位法となっている（例296）。

旋律の形態の独立性とは、旋律の線の形がたがいに違っていることである。例293のように、ある声部が一様のリズム

で流れるときに、その声部の曲線がなめらかであり、しかも高低の変化に富んでいないと、他の声部の旋律に圧倒されてしまう。

こういう旋律形態の独立性で一番重要な役をするのは、旋律曲線の頂点である。すなわち、どの対位法でも、二つの声部の頂点は決して同時には現われない。頂点で気分が緊張するのであるから、二つの声部の緊張の箇所を変えることにより、二つの声部の存在をはっきりと目立たせるのである。しかし、こういうことは、高い音の頂点ばかりでなく、旋律曲線の谷、すなわちもっとも低い音についてもいえる（例297 ★印は高い頂点、○印は低い点）。

このように二つの声部の線が大きい波形でなくて、小さい

波形のときでも、頂点は違うのが普通である。この場合、頂点は、一拍のなかで違う点に生ずることが多い（例298）。

曲線の頂点の場所は、別に一定していないが、大きい波形では他の声部が休止しているとき、または同音を継続しているとき、特に切分音のときなどによく現われる（前例297a、bおよび例299a）。これに対して、両声部がだいたい並行状態で上行、または下行するときは、一方が頂点に達しても、他方は少しの間同じ進行を続け、それから頂点に達する（例299b）。また、cでは、上声部は、二回の起伏の後に頂点イに達するが、低声部は小波をなして嬰ハに下行し、それから波形を変えてニに達している。このように、波形の音型の変化も、頂点の位置と関係していて、十分意味があるのである。

299.

　上行の頂点を目立たせ、それと同時に下行の進行を促進するために、不協和の結合を使うことが非常に多い。この不協和は、頂点が掛留音であるために起こることもあれば（例300aとb）、他の声部が掛留音のために生ずることもあり（例300c）、和音自体によることもある（例300d）。頂点を目立たせるための特有な方法には、まだそのほかにも二、三ある。まず、半音階的に変化した音を頂点の前に置いて、頂点に対する導音関係を作り出すことである。これは、上行頂点のときに多いが（例301a）、下行頂点のときにも現われることがある（例301b）。また、頂点に飛躍して達したときには、少し後に同じ頂点を導音関係を持たせて目立たせることも少なくない（例301c、d）。そして、この場合には、dのように、最初の頂点に掛留による不協和をおくことも多い。

さらに、音階風に上行し、頂点に達したらすぐに大きな音程で飛躍下降するのも、頂点を目立たせる方法である（例302のイ）。あるいは、これと逆に、音階風に下降して、それから飛躍上昇するものもある（例302のロ）。こういう場合には、高い点と低い点が続いて現われるので、声部の独立性を一層強調することにもなる。これに似た方法には、また、音階風に上行するのではなくて、頂点を突然飛躍的に出し、ついで飛躍下行または上行するものもある（例302のハ、★印は

不協和による頂点)。

二つの声部が小さな波をなしながらたがいに反進行し、しかも同時に上行と下行の小波の頂点が生じたときには、その頂点は、ほとんど不協和である（例303）。

第3章　旋律の結合

　旋律の結合方法は、和声の法則にしたがう。いいかえると、結合される旋律の和声的基礎は、たがいに対応していて、結合した旋律は、一体となった一つの和声的効果を出すのである。

　二つの声部の進行には、58ページ以下で説明したように、三種類ある。この中で、対位法にもっとも適するのは、反進行と斜進行である。厳密な意味の並行でない並行進行もよく使われる。しかし、並行三度や六度は、長く（中庸の速度でだいたい3小節くらい）続くことはない。そうでないと、声部の独立性が弱くなるからである。

　並行または隠伏の五度や八度は、普通、和声のときと同じように使われないが、リズムの状況、非和声音の挿入、その他いろいろな事情に応じて、実際にはかなり現われている（例304）。

　多声部対位法の和声は、二声部対位法のときと本質的に変わりはない。そして、この対位法の和声は、第2章で説明した一般の和声の理論にしたがって進行しているのである。た

だ、各声部が旋律の形をとるため、非常に多くの和声外の音が使われているので、ちょっと見ると、和声的なリズムを感じとりにくいことはある。一般に、対位法のときでも、掛留や強勢経過音など以外では、つねに各声部の主要な音、すなわち拍の第1音、特に強拍の第1音は、和声音となっている。この和声音は、もちろん、三和音の構成要素であることが普通である。したがって、各声部間の主要な音の音程は、一般に、三度、五度、六度、八度などの協和音程である。しかし、四度、したがって四六の和音などは、19世紀中頃までの二声部対位法では、不協和と考えられ、不協和として取り扱われ、解決された。だが、多声部対位法では、これはもっと自由に取り扱われている〔293ページ〕。それ以外の、七度や増・減の音程も、和声で知ったのと同じように進行する。

各声部では和声外の音が頻繁に使われ、その和声外音どうしで協和の音程を出すことも、不協和の音程を出すこともある。協和のときには問題ないが、不協和のときには、この音程による和音自体がその箇所の和声に属さないものであるにもかかわらず、やはり不協和音程のように解決進行する。この不協和音程が解決せずに、すぐに他の不協和音程に移るということは、ほとんどない。したがって、対位法の声部は、好んで接続進行をし、飛躍は和声音間か、三度、五度、六度、八度のことが普通となるわけである。

対位法では、半音階的に変化した音もよく使う。特に、一方の声部が半音階的に進行し、他方の声部が全音階的に進行するときには、対位法的効果は、声部の独立性という点でも、和声の方面からも、非常によいものとなる。例306aでは、低声部は半音階的に下行しているが、上声部は完全に旋律的短音階にしたがっている。bでは、両声部とも半音階的な運動をしているが、一方が半音階的に動くときには他方は全音階的に進行している。

　これに対して、特に19世紀後半以後には、両声部が同時に半音階運動をする対位法も少なくない（例307）。

　三声部以上の対位法では、その各々二つの声部がすべて二声部対位法をなしている。特に、外声部、すなわちソプラノとバスは、内声部より耳によく入るから、二声部対位法として見ても、十分面白く進行している。こうして、多声部対位法では、前にも述べた通り、和声的に、二声部のときと本質的に大きな差はない。ただ四度の音程だけは、この音程の低い方の音が最低声部にあるとき以外には、協和音程として取

り扱われる（例308aの★印）。また並行五度や八度も、かなり寛大に取り扱われている（例308b）。

　三声部以上になると、模倣対位法〔313ページ〕が現われてくることが多い。実際、模倣対位法を全然使わずに多声部対位法を書くというのは、容易なことではないのである。これに対して、二声部対位法では、今までの例からわかるように、模倣の全然ない対位法も少なくない。多声部対位法で模

倣を使用するのは、一つに作曲技巧のむずかしさを軽減するためであるが、また一つには、各声部を統一するためにも必要なのである。

第5部 対位法の理論

第4章 転回対位法

1. 転回対位法

対位法の音楽を聴いていると、二つの声部の出していた旋律がたがいに交換してでるのに気がつくことがある。たとえば、例309のベートーヴェンの第七交響曲の有名な第2楽章のトリオのすぐ後で、はじめに16分音符がaのように上声部にあるのに対して、続いてbのように低声部にでて、しかも各声部の旋律型が変わっていないところがある。

こういう対位法を転回可能な対位法といい、aはbの、またbはaの転回対位法という。つまり、二つの声部間の音程の大きさがaとbでたがいに転回の関係になっているのである。

対位法の転回にはいろいろな種類がある。二つの声部の間で転回可能のときもあれば、三つの声部がたがいに転回可能のこともある。また、音程の転回が上例のように八度を仲介とするもののほかに、十度、十二度などによるものもある。

二声部がたがいに転回可能になっている対位法は、二重対位法という。そして、二重対位法の転回には八度、十度、十

二度、十五度によるものがある。

2. 八度の二重対位法

八度の二重対位法では、声部間の音程はつぎのように変化する。

原対位法		転回対位法	
一度	は	八度	になり、
二度	は	七度	になり、
三度	は	六度	になり、
四度	は	五度	になり、
五度	は	四度	になり、
六度	は	三度	になり、
七度	は	二度	になり、
八度	は	一度	になる。

したがって、原対位法の不協和の音程は、四度以外には、転回対位法でも不協和であり、原対位法の協和の音程は、五度を例外として、転回対位法でも協和である。そして、普

通、この対位法では、はじめ低声部にあったものを八度上に移し、高声部をそのままの位置で転回対位法の低声部にするか、あるいは高声部を転回対位法では八度低く出して低声部にし、低声部をそのまま高声部にすることが多い（例310）。しかし、転調のためと転回対位法の効果をよくするために、原対位法の高声部を四度または十一度（八度＋四度）下げて転回対位法の低声部とし、低声部を五度上げ、または四度下げて転回対位法の高声部とすることもある（例309）。そして、いうまでもなくこの逆に、原対位法の高声部を五度下げ、低声部を四度上げたものもある。さらにまた、次例311のような転回法もある。とにかく、こうすると、原対位法と転回対位法の調は、別のものになる。

前例309のように、八度の二重対位法では、原対位法で八度以上の音程が出ると、転回対位法では声部の交叉が現われ、原対位法で声部の交叉があれば、転回対位法では八度以上の音程が生ずる。

八度の二重対位法は、転回可能な対位法の中で一番単純なので、対位法的な曲、特にフーガでは、さかんに使われる。この二重対位法では、協和音程は転回しても協和で、不協和は依然として不協和であるとはいうものの、転回を不可能にするものとして、原音程の四度および五度の音程がある。す

なわち、原対位法で四度に並行進行しているところがあると、転回対位法では、隠伏五度が出て、悪い効果となることが少なくないのである。また、原対位法の六の和音と四六の和音は、転回では四六の和音と六の和音になり、しかも六の和音と四六の和音の用法はリズム的に違っているのである。

3. 十五度の二重対位法

十五度の二重対位法は、実際には、八度の二重対位法と本質的に違わない。それというのも、一度は転回すると十五度（八度＋八度）になり、三度は十三度（八度＋六度）、四度は十二度（八度＋五度）となるからである。したがって、音程と不協和の変化も八度の転回対位法と同じことである。しかし、この十五度の二重対位法では、八度の対位法のときのように、声部の交叉が生ずる可能性が少ない。声部の交叉は、管弦楽や重奏あるいは声楽では楽器が違うからそれほど悪い効果も出ないので、かなり見受けられるが、ピアノやオルガンの独奏曲では、声部の進行がもつれて透視しにくいことが少なくない。たとえば、次例312では、もし八度の転回を使ったとすると、声部の交叉がないとしても、声部が密集して十五度のときのような豊かな、しかも進行のはっきりした効果は出ないだろう。

このため、十五度の転回対位法は、八度の転回よりもむしろさかんに使われる。転回の方向は、八度の二重対位法のときに似て、原対位法の上声部を八度下げ、低声部を八度上げることがもっとも多い（例313）。

しかし、その他の転回方法をとっているものも少なくない。

八度または十五度の対位法に類するものには二十二度の二重対位法がある。すなわち、これは、三つの八度を用いて転

第5部 対位法の理論

回したものである。この転回の方法も、十五度の対位法と同じく、原対位法の上声部を八度または十五度下げ、低声部を十五度または八度上げるものがもっとも多い。いずれにしても、この種の対位法は、二十二度の二重対位法というよりも、八度または十五度の二重対位法という方が普通のようである。

　この種の対位法は、ピアノやオルガンの独奏曲でも見られるが、特に管弦楽や室内楽でよく見かける。それというのも、原対位法と転回対位法との音域が広くなっているからだろう（例315A）。例315Bでは転回の方法が少し珍しく、原対

314.

位法の上声部は九度下げられ、低声部は十六度上げられている。したがって、両対位法では調も違う（長二度下へ転調）。

また、例309や310のように、二重対位法は、すぐに転回形に続くことが少なくない。この手法がさらに一歩進むと、例316のように、二重対位法による連進の形のものとなる。そして、例315Bのように、調の違う転回対位法を使って、転調連進とすることも少なくない。

315.

4. 十度の二重対位法

十度の二重対位法では、声部間の音程はつぎのように変わる。

原対位法		転回対位法	原対位法		転回対位法
一度	は	十度になり、	六度	は	五度になり、
二度	は	九度になり、	七度	は	四度になり、
三度	は	八度になり、	八度	は	三度になり、
四度	は	七度になり、	九度	は	二度になり、
五度	は	六度になり、	十度	は	一度になる。

これからわかる通り、協和音程は転回しても協和で、不協和音程はやはり不協和である。しかも転回で完全協和音程〔26ページ〕と不完全協和音程が入れ替わる。この二重対位法は、八度や十五度の二重対位法にくらべると、きわめて少

ししか例がない。それにはいろいろなわけがある。まず第一に、対位法でよく使われる三度や六度の並行が、この二重対位法では用いることができない。三度の並行は並行八度を生じ、六度の並行は並行五度となるからである。さらに、この対位法では、並行進行さえも、隠伏八度や五度を起こしやすい。したがって、この対位法では、もっぱら、斜進行と反進行の進行しか使うことができないのである。

　第二に、この対位法では、転回対位法で原対位法の旋律を完全に正しく維持したとすると、たとえば、中音が基音になり、導音が下属音になるというようなことが少なくなく、転回対位法の調性が不自然で漠然としたものになり、ときには多調音楽ふうのものになることさえある。このため転回対位法でも調性を確立するのは少し面倒だし、また、転回で旋律の形を少し変える必要も出てくることが少なくない。さらに、原対位法の一つの声部で完全四度（たとえば上基音から属音に上行）の進行があると、転回では十度高くなって、増四度（下属音から導音への上行）の進行が生ずる。増四度の進行は旋律進行上好ましくないので、これを完全四度に変形しなければならない。

　さらにまた、不協和音や掛留や倚音の解決でも、転回すると効果の悪いものもある。

　十度の二重対位法の場合の転回の方法には、原対位法の上声部を六度下げ、低声部を五度上げたものや、一方の声部を十度上げまたは下げ、他方の声部をそのままにしておくものなど、いろいろある。そして、正確な十度でなく、十七度（十度＋八度）の転回を使っていることもある。また、たいていの十度の二重対位法は、八度または十五度でも転回可能となっている。

5. 十二度の二重対位法

十二度の二重対位法での音程関係はつぎの通りである。

原対位法		転回対位法	原対位法		転回対位法
一度	は	十二度となり、	七度	は	六度となり、
二度	は	十一度となり、	八度	は	五度となり、
三度	は	十度となり、	九度	は	四度となり、
四度	は	九度となり、	十度	は	三度となり、
五度	は	八度となり、	十一度	は	二度となり、
六度	は	七度となり、	十二度	は	一度となる。

この表から知られるように、三度は転回してもやはり三度である（三度＋八度）。そして、五度は八度、八度は五度となるから、並行も隠伏も心配ない。このため、十二度の二重対位法は、十度の二重対位法よりもさかんに使われる。しかし、六度は七度になるので転回のときに旋律形を少し変えるのが普通である。この十二度の対位法も、やはり八度拡張し

て、十九度（十二＋八）の二重対位法となっていることが少なくない。

　二重対位法の種類は、だいたい、以上の通りであるが、例317のように、十度や十二度のたいていの二重対位法は、八度や十五度で転回できるようになっている。このように二種の転回可能な対位法には、つぎのような四種類がある。
　(1) 八度、または十五度と十度で転回可能
　(2) 八度、または十五度と十二度で転回可能
　(3) 十度と十二度で転回可能
　(4) 八度、または十五度と十度と十二度で転回可能

　これらの二重対位法で、音程がどう変わるかは、前の各個の場合の表を参照。また、転回で声部の交叉が起こらないためには、原対位法は、転回可能な音程のもっとも小さな音程よりも大きな音程を含めない。たとえば、(3)では、原対位法は、十度以上の音程を含めない。また、原対位法における並行の問題や不協和の取り扱いは、各種の転回対位法で不合理が起こらないようにされている必要がある。

さらに、この対位法の一種に、声部を三度または六度で重複し、それをそのまま転回したものもある。また一方、これに似て、例319のような重複方法もある。

6. 三重対位法

三重対位法というのは、三声部対位法の各二つずつの声部が二重対位法をなしているものをいう。すなわち、三つの声部がたがいに転回可能になっている対位法のことである。理論的にいうと、三つの声部をA、B、Cとすれば、つぎの配列が可能なわけである。

```
A A B B C C  ……………上声部
B C A C A B  ……………中声部
C B C A B A  ……………低声部
```

しかし、実際には、この六種が全部現われることは少ない。多くて五種、少なくて三種くらいのところである。六種を全部使い、しかもその各々が音楽的に申し分ないようにするのは、おそらく、技巧的に非常に面倒でむずかしいだろう。それというのも、各二つずつの声部がすべて良好な二重対位法になっていなければならず、その各声部の配置にも悪

い効果の交叉が起こらないように、そして各声部間の間隔が大きくなりすぎないように、十分注意を払わなければならな

いからである。しかも、二重対位法の転回は、八度や十五度ばかりでなく、十度や十二度も使う必要がある。しかし、声部の交叉を避けるために、三重対位法では、隣り合う各声部はときに八度、ときには十五度と交替して転回していることも少なくない。また、四度、不協和、掛留、あるいは倚音も、二重対位法のときと同じく、あるいはそれ以上に、かなり自由に取り扱われ、旋律形も変形されることが多い（例320の小節番号は原曲の小節数を示す。A、B、Cは、上述のように、声部を表わす）。

バッハの「平均律クラヴィーア曲集」の第1巻のフーガから、三重対位法の目にとまったものをひろってみると、つぎの通りである（数字は小節数）。

第3曲；5-7、19-21、24-26、26-28
第4曲；59-62、76-79、81-84
第12曲；7-10、13-16、19-22、28-30
第17曲；11-13、14-17、19-21
第19曲；1-3、4-6、8-11、12-14、20-22
第21曲；9-13、13-17、22-26、37-41

7. 四重および五重対位法

四声部または五声部の、厳密な意味での四重または五重対位法には、それぞれ、24および120の可能な声部配列様式がある。しかし、三声部のときと同じく、あるいはむしろそれ以上に、それが全部使われることはほとんどない。各声部がバスになりうれば、実際上、四重または五重対位法の感じがでるものである。例321では、ソプラノが転回ではバスに来ていて、他の三声部の順序は原対位法と同一である。しかし、これでも四重対位法の一つと感じられるのである。

転回対位法

　四重または五重対位法は、輪唱、すなわちカノン〔317ページ〕でよく見られる。たとえば、一つの声部がABCDEという順序の項（動機または半節）でできているとき、他の四つの声部がこの声部を一項ずつ遅れて前表のように模倣する

第5部　対位法の理論　311

と、四重や五重の対位法が生ずる。

　例322は、モーツァルトの「ジュピター交響曲」の終楽章にある五重対位法である。これは、厳格なカノンではないが、だいたいの構造は、上述のようになっている。

　これまでの転回対位法の例からわかるように、転回対位法は、フーガ〔349ページ〕でもっとも多く使われている。その場合には、特に三重以上のときには、連進がおかれ、各声部に主題の断片が用いられている。この転回対位法は、転調を導くのに便利で、たとえば、ある挿句で対位法を使ってヘ長調からニ短調に移ると、他の挿句ではその転回対位法をおいてハ長調からイ短調に進んだりする。こうすると、全曲の統一も十分とれる。

第5部 対位法の理論 313

第5章 カノン

1. 模倣

対位法のもっとも重要なものに**模倣**がある。これは、一つの声部進行方法を他の声部が真似て追いかけて行く対位法である。

例323aでは、先行声部の形が完全に後続声部で真似られている。こういう模倣は、**厳格模倣**という。これに対して、bのようにかなりルーズに真似たものは、**自由模倣**という。

模倣は、非常に短くて、ひとつの動機を真似ただけのこともあれば、全曲が模倣だけでできているように長いこともある。そして、比較的長い模倣（だいたい、節以上の長さ）は、**カノン**という。

2. 反転

二つの旋律があり、その各々がだいたい同じ度で反対方向の進行をし、たとえば一方が三度上行するときに他方が三度下行し、一方が五度下行するときに他方が五度上行し、しかも、両方の音符の長さが対応している場合に、この旋律はたがいに**反転**または**転回**の形であるという。しかし、転回とい

うと、いろいろな意味の転回と混同されやすいから、以下では主に反転ということにしよう。たとえば、例324のソプラノとバスはこの反転の形である。

　反転の旋律をこのように結合した対位法は、**鏡像対位法**という。反転は、鏡像対位法のほかにも、転回カノン〔324ページ〕やフーガの中途、変奏曲や旋律の展開などでも使われる。反転の方法にはいろいろある。上例（ホ短調）では基音は属音に反転されている。

　この他にも反転の方法があるが、普通に使われるのは、つぎの七種類くらいである（例325）。

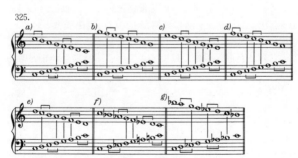

（a）基音と基音が対応し、属音と下属音が応答する。この反転では、調性が反転旋律でもっともよく維持されるが、半音の位置のため、原旋律と反転旋律は厳格な意味

第5部　対位法の理論　315

で対称となっていない。
(b)　基音と属音、下属音と上基音がそれぞれ対応する。この種の反転は非常に数多い。例324は短調の場合であるが、次例326は長調（イ長調）の旋律の反転である。

(c)　基音と中音、下属音と導音、属音と下中音がそれぞれ対応する。しかも、半音の位置が対応するので、長調のときは原旋律は反転旋律と完全に対称である（例327）。ただし、短調のときは下中音によって完全対称でないこともある。いずれにしても、長調でも短調でも、調的にはこの反転は欠陥がある。

(d)　基音を下属音、属音を導音に対応させる。この方法は、やはり、調的にかなり不明瞭になる（例328）。
(e)　基音と上基音、属音と属音、下属音と下中音の対応。同じく調的にあいまいであるが、属音が対応するのでかなり均斉がとれる。例329は第1小節だけであるが、この反転形をとっている。
(f)　基音を相互に対応させる。しかし、(a)のときと違

316

328. Bach, "Wohlt. Kl." II, No. 22

329. Andante grazioso — Reger, Op. 132

330. Bach, "Wohlt. Kl." I, No. 14

って、旋律的短音階の上行形がたがいに対応する。基音を対応する短調の反転では、もちろん、(a) と (e) 以外の変化した形もある (例330)。

(g) 短調で基音を導音に対応させ、しかも完全な対称にした形。調的には、(c) と同じく、不満な点がある。

3. カノン

カノンの模倣は、前に述べたように、曲全体を通じて行われることもあれば、きわめて短いこともある。そして、曲全体を通じて行われるときでも、最後に少し変化があって終止法がおかれていることもあり（有終カノン）、そういう変化がなく、特別な記号（主として、Fineとか❈など）で終わりを示したもの、あるいは適当なところで演奏者が終えるものもある（無終カノン）。

有終カノンや無終カノンの声楽曲は、**輪唱**という。

カノンの声部の数は、別に決まってなく、二声部のものもあれば、六声部以上のこともある〔310ページ〕。また、模倣される声部（先行声部）が二声部のこともある〔327ページ〕。さらに、先行声部を厳格模倣でなく、自由模倣したもの、反転模倣したもの、その他の方法により模倣したものもある〔324ページ以下〕。

カノンは、フーガでさかんに使われるほか、変奏曲（例333）や、その他大きい形式の曲でも頻繁に使われる。たと

えば、例323aはソナタ形式の第二主題の再現の部分で、例331はメヌエットにあるカノンの例である。

このように、カノンは、いたるところで使われるので、カノンを知らなければ対位法の第一段階も知らないといってもいいくらいに重要なものなのである。

4. 二声部カノン

カノンでも、対位法の場合と同じく、二声部カノンをしっかりと調べておくと、多声部カノンを取り扱うのが非常に楽になる。

カノンで先に出る声部は、**先行声部**、またはフーガのときの用語にしたがって**主題**という。そして模倣声部は、**答句**という。主題と答句は何小節はなれているかきまっていない。あまりはなれていると、聴く人にカノンだという感じを起こさせにくい。一般には、この距離は8小節以内である。1小節、または2小節あるいは3小節というように、主題と答句の距離が正確に何小節かになっていると、両者のリズム的関係が一致してくるので、聴いてもすっきりしているし、効果も対位法的によく、和声的には変化がでる。これに対して、

第5部　対位法の理論　319

2拍子または4拍子で主題の半小節後に答句がでるものがある。この場合には、2拍子では第1拍と第2拍、4拍子では第1拍と第3拍の強さが違うのを目立たさぬため、静止的な和声〔66、255ページ〕を使うことが多い。例332では、さらに、アクセント記号もつけて、半小節の強弱のずれを感じなくしている。

　また、つぎの例333のように、1拍またはそれ以内の距離のこともある。このときも、和声的リズムは静止的である。aでは、両声部の線が逆になっていて、これに対し、bでは、両声部の旋律的リズムが同時に一致していないので、ともに対位法的効果は良好に感じられる。

　そして、特にaでは、1小節の四つの拍はともに同じくらいの強さのものとなっているし、また、そう演奏すべきである。bでは、変ロ長調の基三和音がバスで続けられて、静止和声を目立たせている。

　主題と答句の音程も、いろいろあるが、一番多いのは、同音、八度または十五度である。こういうカノンは、総称し

て、**八度のカノン**という。この種のカノンは、カノンの中でもっとも単純なもので、両声部も同一の形になっていて、しかも調性と和声から見ても統一がとれる。

　八度以外のカノンでは、和声と調の問題はもっと面倒になる。主題をある音程でそのまま移し、これを満足な旋律にするには、臨時記号を導入して正確な移調の形にするか、あるいは少し変形したものにしなければならない。このいずれによるにしても、簡単なのは、主題の五度上（または四度下）と四度上（または五度下）のときである。例334は、短いながらも、主題を四度下で正確な形で模倣し始めたカノンの例である。

　こういうように、答句が主題を八度以外の音程で再現しているときには、二つの調が暗示されがちで、したがって調の中心もぼやけてしまう。このために、この種のカノンはあまり長く続かず、途中で少し変化して調性を落ち着かせるのが普通である。とにかく、こういうカノンは、**真正カノン**ということがある。

　これに反して、真正カノンでないカノンでは、調性を安定させるために前述のように答句を主題と少し変えている。そして和声を明瞭にするために、自由な伴奏部を持っていることが少なくない。例335は主題を五度下で模倣した自由カノンである。主題の基音は答句では下属音に対応しているので、答句が出てから下属調が基調以上に強く感じられないように、答句を変形している（答句の嬰ハの音）。

　このため、答句が主題の四度上または五度下のときには、

第5部　対位法の理論　321

主題でははじめのうち和声音として下属音を含まぬことが多く、またそれを含んでいるときには、答句では二通りに取り扱う。すなわち、主題のこの下属音は、答句では導音になるから、この導音を主題の下属音の進行方向にしたがって半音変化させるのである。そして、それに応じて、属和音か他調属和音、とくにV (VI) がよく用いられる。答句が主題の五度上または四度下の場合も同じことで、主題の導音の進行方向にしたがって、答句の対応する音、すなわち下属音は半音変化するのが普通である（例336の★印の音）。要するに、どんなカノンでも、調性がしっかりしていることが大切なのである。

カノンには、さらに、いろいろな音程のものがある。このときも、和声を支持する声部を持っていることが普通である。バッハの「ゴルトベルク変奏曲」には、あらゆる音程のカノンがある。例337はその二、三の例にすぎない。

例337で答句の変形と和声法には注意する必要がある。また、主題の出し方も、答句を基調で安定させるために工夫されている。

ときには、ぼんやり聴いたり、簡単に楽譜を見ただけではカノンということがわからないような、凝ったカノンもある。ブラームスの「シューマンの主題にもとづく変奏曲」

第5部 対位法の理論 323

(Op. 9) の第8変奏などはその例で、左手の16分音符の伴奏は、実は右手の2小節前の旋律を分散して出しているのである（例338）。

5. 多声部カノン

多声部カノンになると、和声の問題が一層面倒になる。そして主題に続く二つの答句は、八度カノンのほかに、五度カノンとなっていることもある。さらに、各声部の距離も、同じ間隔になっているとは限らず、主題と第1答句が2小節はなれ、第1答句と第2答句が1小節はなれていることもある。この中で一番簡単でわかりやすいのは、つぎのように、三つの声部が順次に八度のカノンをなし、しかも、間隔が同じになっているものである。この中で、bは、各声部が半小節しかはなれていない。このように、各声の距離が短く、しかもテンポが割合に速いと、効果は強烈になり、緊張を起こす（例339）。

しかし、八度カノンのほかに、五度カノンを使うことも少

なくない。このときは、フーガの提示部〔349ページ〕のときのように、五度の答句は、調のバランスのために、かなり変えられているのが普通である（例340）。

四声部カノンでは、八度や五度（四度）カノンの代わりに、三度（六度）カノンがあることも少なくない。つぎの例はそういうものである。調はかなり拡大されているが、バランスを失っていない。さらに、その右手と左手は、二声部ずつのカノンになって、たがいに対比している。

6. 特殊なカノン

カノンには、いろいろ特殊なものがある。まず第一に、313ページ以下で説明した反転旋律を答句に使ったものがある。これは、**反転カノン**または**転回カノン**という。こういうものは、十分注意して聴かないと、カノンだと認めるのがむずかしい。実際、カノンでなくても、反転旋律を聴いて、原旋律の反転だと知るには、よほど音楽に馴れていなければ無理である。

第5部　対位法の理論

転回カノンには、反転の方法〔314ページ以下〕にしたがって、いろいろなものがある。

例342は、楽譜を見るとすぐに転回カノンだと知られるが、例343のブラームス「自作の主題にもとづく変奏曲」(Op. 21-1) の第5変奏は、いささか透視しにくい転回カノンである。

動機が拡大や縮小されることがあるのと同じように、カノンにもまた、拡大カノンや縮小カノンがある。**拡大カノン**は、答句が主題の音符を一様に二倍または三倍（付点拍子のとき）などの長さにしているものである（例344）。

特にフーガの拡大カノンでは、答句は、主題より二倍（または三倍）長くなるので、この拡大した答句が他の声部とのカノンの先行声部の役をすることが少なくない（例345）。

逆に、**縮小カノン**は、答句が主題の音符の半分、または三分の一その他の長さで進むカノンである。このカノンでは、答句はすぐ主題に追いついてしまい、それがさらに続くと、今度は主題と答句の立場が変わって、拡大カノンになってしまう。例346では、答句は縮小したもののほかに、縮小した

第5部 対位法の理論 327

転回形（中声部）となっている。

このように、拡大カノンも縮小カノンも、転回カノンの方法を使っていることがある。そういうものがいくつか現われると、ちょっと聴いたくらいのことでは、カノンと認めるのはきわめてむずかしい。

前例346は、右手と左手がカノンふうに進み、しかも右手あるいは左手だけでも二声部カノンとなっている。これを一

般化すると、**二重カノン**になる。すなわち、二つの独立的なカノンを総合したものである。いいかえると、四声部またはそれ以上の声部の対位法があり、その二つずつの声部がカノンをなしているのが二重カノンである。例348aは、2分音符声部（ソプラノとバス）が八度のカノン、8分音符声部（アルトとテノール）も八度のカノンをなしている二重カノンである。もちろん、二重カノンでも、反転を使うことが少なくない。例348bはその一例である。そしてaでは8分音符が伴奏風の役をしているのに反し、bでは、各声部は独立的な地位を占め、各声部が同じ動機材料を使っているうえ、ソプラノとアルトは転回カノン、テノールとバリトンも転回カノンとなっている。

カノンには、さらに特殊なものがある。**逆行カノン**（KrebskanonまたはCanon cancrizans）もその一つである。逆行というのは一つの旋律を終わりから逆に奏したもの

第5部 対位法の理論　329

をいう。たとえば、例349のbはaの逆行である。ベートーヴェンは、この逆行を「ハンマークラヴィーア・ソナタ」（変ロ長調、Op. 106）で用いている。例350では、二つの声部をA、Bとすると、AとBはたがいに逆行になっている。

最後に、主題だけ与えられ、答句の距離も音程も示してな

く、そして、ただ文字（主としてラテン語）で声部の数だけを指示したカノンがある。これを、**謎カノン**または**閉カノン**という（例351）。

演奏者は、どこで、答句が何度で始まるかという謎を解決しなければならない。この謎の解の一例は、つぎの通りである（例352）。閉カノンに対して、このように充実して書かれたカノンは開カノンということがある。16〜17世紀には、この種の謎カノンが非常に流行した。

第6部　形式の理論

第1章　音楽の形式

　音楽は、すべてきちんとした形式にもとづいてできている。形式がないと、音楽の美しさはでない。ベートーヴェンの「月光ソナタ」の第1楽章は嘘か本当か、とにかくベートーヴェンが即興したものと伝えられているが、それでもソナタ形式〔後述第6章〕という形式にしたがっている。ショパンの即興曲にしても、即興風に興の赴くままに作られているとはいえ、ちゃんと三部形式〔第2章〕になっているし、リストの「鐘」(ラ・カンパネラ)は、鐘の音をまねてはいるが、変奏曲形式〔第4章〕になっている。このように、どんな音楽でも、すべて何らかの形式にもとづいているのである。

　形式は、むずかしくいうと、表象の変換における多様性とそれの統一的関連性を必要とする。多様性は、常に新しいものを出すことで、その結果、変化と対比が生ずる。しかし、この変化と対比を統一しなければ、美は生れないし、音楽を聴いてもまとまりがなくて面白くない。即ち、統一的関連性は聴く人の認識を可能とするものなのである。いいかえると、"多様性における統一性"、"変化における統一"というものが形式ではぜひ必要なのである。そして、多様性と統一性が適当に釣り合っていることが大切なのである。多様性が強いと音楽は複雑でわかりにくくなり、統一性を重んじたものは、明快で単純になる。優れた芸術音楽は、この両者をほどよく強調しているのである。

多様性は、旋律進行、リズム、調、和声、楽器用法の変化、主題の展開、不正規な章の導入などで生じ、統一性は、主要動機または旋律の何回もの再現、終止法、基調の再現、一定リズムの優越などで得られる。そして、こういう要素の使い方は、時代により、また人によって違う。楽曲を調べるときには、何により変化が生れ、どういう方法で統一がでているのかを見なければならない。実は、これを論ずるのが音楽形式（楽式）論である。

　しかし、普通には、音楽形式論というと、そういうものよりも狭義の、形式だけを取り扱ったものを意味している。そこで、ここでは主として狭い意味での形式、実際の音楽の書いてある形式を調べることにしよう。

第6部　形式の理論　333

第2章　歌曲形式

　形式の中で一番簡単なのは、**歌曲形式**である。しかし、歌曲形式でも、ソナタの緩徐楽章やメヌエットのようにかなり長いものもある。

　この歌曲形式は、必ずしも歌曲だけに限られているわけではない。器楽曲でも、歌曲形式のものが非常に多いのである。シューマンのピアノ曲「子供の情景」（Op. 15）は、13曲でできているが、そのすべてが歌曲形式である。

　歌曲形式で一番単純なのは、一部形式〔252ページ〕である。それについで、二部形式、三部形式〔257ページ〕となる。この三種の形式は、それぞれ、**一部歌曲形式、二部歌曲形式、三部歌曲形式**ともいう。

　一部形式の芸術的な曲は非常に少ない〔252ページ〕。わずかにシューマンの童謡やメンデルスゾーンの「挨拶」という小曲がよく知られているくらいであろう。ただし、メンデルスゾーンのは、1小節延長した9小節の章で、伴奏に前奏や後奏を加えて、平凡さをなくそうとしている。

二部形式の曲となると、非常に数が多い。前章と後章のどちらか、あるいは両方とも反復したものもあって、一部形式よりもずっと内容の点で豊かである。ブラームスの有名な子守歌（例245b）、フォスターの「オールド・ブラック・ジョー」や「懐しきケンタッキー・ホーム」などはよく知られた二部形式の例である。また、バッハやヘンデル時代の舞曲やそれに類したものもたいていこの形式で、「G線上のアリア」（バッハの管弦楽組曲第3番ニ長調第2楽章）もそうである。

　三部形式となると、一層充実したものとなる。それだけに、この形式の曲も非常に多い。シューマンのピアノ曲集「謝肉祭」（Op. 9）、「子供の情景」（Op. 15）などの中の小曲は、ほとんどみなこの形式である。「子供の情景」の中の有名な「トロイメライ」もやはりそうである。また、ショパンの小曲、メルデルスゾーンの無言歌、シューベルトの小さい歌曲やピアノ曲にも、この形式のものが多いし、バロック時代の前奏曲や序曲その他の曲でも、この形式によるものが少なくない。

　こういう歌曲形式は、正規的に8小節の三つの章でできていないことが多く、また、章の間に（広義の）総上拍〔269ページ〕や経過句があったり、最後に結尾がついていたりすることもある。しかし、いくらこうして長く、複雑にしても、それには限度がある。そこで、これに代わる歌曲形式ができた。それまでの歌曲形式では、第一、第二、第三部がすべて単一の章であったが、今度は、各部をいくつかの章で作るのである。したがって、それまでの歌曲形式を**単純歌曲形式**といい、今度のを、**複合歌曲形式**または**大歌曲形式**といって、この両者をたがいに区別する。しかし、特に必要のないときには、単に三部形式といい、単純と複合のいずれも指す

のが普通である。

　複合歌曲形式の中で、複合二部形式というのはあまり使われず、複合三部形式がよく用いられる。この形式は、各部が二部または三部の単純形式となっているものである。この形式の曲は、行進曲、舞曲、メヌエット、スケルツォなどをはじめとして、非常に多い。一般には、第一部は転調部分を含むが基調で終止し、第二部は属調または並行調、第三部が第一部の再現となっている。そして、第二部は、普通、トリオという。17～18世紀には、この部分を三重奏で演奏したからである。ショパンのポロネーズやマズルカもこの形式である。ポロネーズもマズルカもともにポーランドの舞曲で、三拍子であるが、ポロネーズは、例354aのような女性終止の特有のリズムを持つ貴族社会の舞曲であるのに対し、マズルカは、ワルツのような伴奏の上に第2または第3拍を強くした特徴のあるリズム（例354b）の旋律を置いた農民の音楽である。

　ところで、ショパンの「英雄ポロネーズ」と呼ばれる壮大な変イ長調ポロネーズ（Op. 53）も複合三部形式であるが、少し複雑で、つぎのようにできている。

第一部——80小節、主として変イ長調

序——16小節、変ホ長調から変イ長調など

三部形式 {
 a——16小節、変イ長調
 b——16小節、変イ長調、ヘ短調、その他
 b′——16小節、変ホ長調、ハ短調
 c——16小節、変イ長調、その他
}

第二部——74小節、ホ長調、その他

序——4小節、伴奏だけ、ホ長調

三部形式 {
 A——16小節、ホ長調、その他
 A′——20小節、(4小節は伴奏だけの序) ホ長調、嬰ニ長調
 B——8小節、変ニ長調、ヘ短調、ハ短調、変ホ長調、ト長調
 C——26小節 (8小節を三つと終止強化の2小節)、ト長調、ト短調、変ロ短調、ヘ短調、変イ長調
}

第三部——変イ長調、16小節

結尾——11小節、変イ長調の終止強化

このように、曲を各部に分け、その構造をあらゆる点から調べることを**音楽の解析**とか**分析**とかいう。

歌曲形式は、普通、三部以上のことはない。四部とか五部になると、統一が弱くなるし、統一を強くしたとすると、二部または三部の複合歌曲形式の変形か、ロンド形式になってしまうからである。

最後に、歌曲形式、特に単純歌曲形式は、ロンド、変奏曲、ソナタ形式などのような、より大きい形式の主題にも使われることを注意しておく。

第3章　ロンド形式

　ロンド形式は、歌曲形式と同じようにいくつかの章、またはそのグループでできているが、歌曲形式のときには第一部となっていたAが第三部だけで再現されるのに対して、このロンド形式では、Aは何回も、少なくとも三回以上出る。そして、このAは、ロンドの**主題**という。こうして、ロンド形式は、

　　　A―B―A―C―A（単純ロンド）
　　　A―B―A―C―A―B―A（複雑ロンド）

という形のものが多い。BやCは、**副主題**とか**挿句**とかいう。BやCの調は、決まっていないが、Bが属調または並行調、Cが並行調か下属調のことが多い。

　単純ロンド形式は、ハイドンやモーツァルトの頃の作品によく見受けられる。ベートーヴェンは、複雑ロンドを主に書いたが、ゆるやかな楽章では、くどくなるのを避けて、単純ロンドの形式にしたがったことが少なくない。たとえば、「悲愴ソナタ」（Op. 13）の第2楽章はその代表的なもので、つぎのようにできている。

　　　主　　題（A）――16小節（8小節の章の反復）、変イ長調
　　　第一挿句（B）――第29小節まで、ヘ短調から変ホ長調
　　　主　　題（A）――第36小節まで、変イ長調
　　　第二挿句（C）――第50小節まで、変イ短調、ホ長調、変ホ長調
　　　主　　題（A）――第66小節まで
　　　結　　尾　　――終わりまで

　こういう単純ロンド形式は、特に、速い曲では、あまりにもあっけなく終わってしまう。そこで、主題と挿句の間に自

由な経過句を入れたものも少なくない。

また、ベートーヴェンの「ヴァルトシュタイン・ソナタ」(Op. 53)の終曲もこの例であるが、構成はずっと複雑で、主題も経過句も長く、第二挿句は120小節近くにおよぶくらい長大で、展開風な箇所さえ持っている。結尾も100小節以上にわたっている。

複雑ロンド形式は、ハイドンやモーツァルトの晩年からベートーヴェンにかけて使われ始めたもので、近代ロンド形式ともいう。ベートーヴェンの「悲愴ソナタ」の終曲はこの形式である。

  主　　題 (A)──第18小節まで、ハ短調
  経　過　句────第26小節まで、ヘ短調と変ホ長調
  第一挿句 (B)──第44小節まで、変ホ長調
  経　過　句────第62小節まで、変ホ長調
  主　　題 (A)──第79小節まで、ハ短調
  第二挿句 (C)──第108小節まで、変イ長調
  経　過　句────第121小節まで、変イ長調、ハ短調、ト長調など
  主　　題 (A)──第129小節まで、ハ短調
  経　過　句────第135小節まで、ハ短調、ハ長調
  第一挿句 (B)──第154小節まで、ハ長調
  経　過　句────第172小節まで
  主　　題 (A)──第183小節まで、ハ短調
  結　　尾────終結まで

近代ロンド形式では、主題を基調で再現することが多いが、また、別の調で出すこともある。しかし、最初の再現は、十中八九、基調となっている。さらに、最後のAまたはBを省略したものもあるし、中間のCを主題の展開のようにしたものもある。中間のCを主題の展開風にし、その前と後

のA—B—Aを同じ形で出し、ただしBの調を再現のときには基調に変えると、ソナタ形式〔361ページ〕に近いものになる。そのため、この種のロンド形式を**ソナタ・ロンド形式**または**ロンド・ソナタ形式**ということがある。ベートーヴェンのホ長調のピアノ・ソナタ（Op. 14-1）の終楽章はその例である。

　ロンド形式には、この他にも、多くの種類がある。バロック時代にはいろいろなものがあったし、ロマン派時代以後になると、近代ロンド以上に複雑なものも出てきた。

第6部　形式の理論　341

第4章　変奏曲形式

変奏曲形式というのは、主題（たいていは簡単な歌曲形式）にこれを変化させたものをいくつか続けたものである。この変奏の数は、決まっていないが、だいたい五つから三十くらいまでの間である。

　主題の変奏の方法はいろいろあるが、どの場合でも、必ず変奏が主題と何らかの意味で明瞭な関係を持っていて、しかも変奏曲全体が一つのまとまったものとなっているように、工夫して行なわれる。変奏の方法には、だいたい、つぎのようなものがあるが、もちろん、そのいくつかを同時に行なうのが普通である。

(1)　主題の旋律をたいして変えずに、他の楽器で出す。ハイドンの「皇帝」四重奏曲の第2楽章や、シューベルトの「死と乙女」四重奏曲や「鱒」五重奏曲の変奏曲で見られる。ラヴェルの「ボレロ」もこの一種である。

(2)　旋律に装飾風の音を加える。ハイドンやモーツァルト、初期のベートーヴェン、シューベルトなどでよく見られる（例355bはaの変奏）。

(3)　旋律または和声のどちらかを保存し、どちらかを変化させる。例356は上の例355aを主題とした変奏曲の第

二変奏で、旋律を変化させているが、和声は維持している。

(4) 調、リズム、拍子、速度などを変える。例357aは主題、bはその変奏である。

(5) 旋律を転回、すなわち反転〔313ページ〕する（例358）。
(6) 主題を対位法的に取扱う〔279ページ〕。カノン〔313ペ

第6部　形式の理論　343

ージ〕、フーガ〔349ページ〕、フゲッタ〔359ページ〕、二重対位法〔297ページ〕を使う。

バッハの「ゴルトベルク変奏曲」はこのいい例であるが、ここでは、ベートーヴェンの「ディアベリ変奏曲」(Op. 120) からこの種の変奏を二、三挙げておこう（例359）。

(7) 主題の一部分の音型、または一部の特徴から自由な曲を作る。

(8) 主題のバスから変奏を作り出す (例360)。

(9) 主題のバスまたは主題そのものを繰り返し、その反復の上に新しい変奏を作っていく。これには、パッサカリ

アオおよびシャコンヌが属する。

　変奏は、大きく見て、装飾変奏と性格変奏とに分けることができる。**装飾変奏**というのは、主題との性格的関係が強く、主に主題の旋律を装飾風に変奏しているものであり、**性格変奏**は、主題と離れた自主的な性格を持たせるものである。そして、装飾変奏だけでできている曲を**装飾変奏曲**、性格変奏だけでできているものを**性格変奏曲**という。ハイドンやモーツァルトの大部分の変奏は装飾変奏で、ベートーヴェンの「英雄変奏曲(エロイカ)」「ディアベリ変奏曲」、シューマンの「交響的練習曲」(Op. 13)、ブラームスの「ヘンデル変奏曲」「ハイドン変奏曲」などは立派な性格変奏曲である。

　個々の変奏も決してでたらめに並べられているのではない。内容的に、次々と目新しくしていくほかに、主な音符の種類、拍子、リズム、調、速度、力性などの点から、次第に変化して変奏の頂点を築くように作曲する。そして、また、いくつかの変奏が集まって一つのまとまったグループをなしていることも少なくない。ベートーヴェンのハ短調の「32の変奏曲」などはその代表的なものである。これは、A、B、C、Dの四つのグループからできている。Aだけをくわしく調べるとつぎのようになっている（Var.は変奏"Variation"の略）。

　　　A：Var.1.～3. —— 16分音符が優勢。Var.1.は弱く始まり、Var.3で mf から ff に至る。
　　　　Var.4.～8. —— Var.4.は弱い8分音符三連音、Var.5.は8分音符と16分音符、Var.6.は8分音符三連音の ff 。Var.7.は8分音符と16分音符、Var.8.は16分音符のみ。こうして、音符が次第に細分される。
　　　　Var.9. —— 16分音符とその三連音が優勢。

　　　　Var.10.〜11. —— 32分音符。A群の頂上。f。
　　　　Var.12. —— ハ長調。律動がゆるやかになる。A
　　　　群の結尾。
　　B：Var.13.〜22. —— 頂上は、Var.18.〜Var.22.にあ
　　　　る。
　　C：Var.24.〜29. —— 頂点は、Var.26.と27.および
　　　　29.にある。
　　D：Var.31.〜32. —— Var.32.で全曲の最高頂点に達
　　　　する。

　なお、この変奏曲には、結尾がある。一般に、結尾の形は決まってない。歌曲形式の簡単なものもあれば、フーガで壮大なこともあれば（ベートーヴェンの「英雄(エロイカ)変奏曲」やブラームスの「ヘンデル変奏曲」）、それだけでいくつかの変奏のグループをなしていることもある（ブラームスの「ハイドン変奏曲」や第四交響曲の終曲）。

　また、ベートーヴェンの第三交響曲「英雄」の終楽章の激しい乱奏のように、変奏曲に序奏のあることもある。

　ベートーヴェンの第三交響曲やブラームスの第四交響曲の終楽章は、変奏曲形式であるが、同じバスを何回か繰り返して、それに次々と新しい音楽を対位法的に加えていく、といういくらか変わった変奏曲である。こういうものは、シャコンヌあるいはパッサカリアという。厳密にいうと、シャコンヌとパッサカリアは違うものであるが、実際には区別する必要がほとんどない。また、この形式では、バスの旋律が、ときには中声部または高声部に出ることもある。バロック時代には、この変奏曲がさかんに作られた。

　ベートーヴェンの「英雄交響曲」または「英雄変奏曲」は、シャコンヌのバス主題（例362a）のほかに、例362bで記した主題も持っている。

このように、変奏曲では、二つの主題があることも少なくない。ベートーヴェンの第五交響曲と第九交響曲の緩徐楽章はそのもっともいい例で、二つの主題をA、Bとし、その変

奏をA′, B′, A″, B″などとすると、つぎのようにできている。

　第五交響曲：A————B—A′—B′—A″—A‴—B″—A^Ⅳ—A^Ⅴ
　　　　　　（変イ長）（変イ長）
　　　　—A^Ⅵ—結尾

　第九交響曲：序————A—B—A′—B′—A″—A‴—結尾
　　　　　　　（変ロ長）（ニ長）

　変奏曲形式は、他の形式と混合することもある。たとえば、ブラームスは、変ロ長調六重奏曲（Op. 18）の第1楽章（ソナタ形式）の展開部に第一主題の三つの変奏を置き、ハ短調ピアノ四重奏曲（Op. 60）の第1楽章（ソナタ形式）の提示部と再現部では第二主題に五つの変奏を続けた。また、同じくブラームスの「ハイドン変奏曲」と第四交響曲の終曲は、ソナタ形式と変奏曲形式の混合のようになっている。

第5章 フーガ形式

フーガ形式は、イタリア語の「逃げる」あるいは「逃がす」という語からきたもので、模倣対位法を極度に使った非常に数学的な形式である。

フーガは、16世紀頃からさかんに作曲され、バッハとヘンデルで頂点に達したが、それ以後現代にいたるまで書かれている。

フーガは、だいたいのところ、提示部、反復部、挿句、ストレッタなどの部分でできている。

提示部は、主題、答句、対句、対位主題などからなる。主題は、内面的にまとまった思想を表わし、外面的に特徴のある形と明瞭なリズム型を持ち、曲のどこに出ても主題だとすぐ認められるようになっている。さらに、対位法的に労作可能な形になっていて、構造は、古典派での章のように対称的でなく、不正規的である〔277ページ〕。主題は、属調に転ずる以外には転調しないことが普通であり、しかも、こういう転調主題さえも、非常に数が少ない。バッハの「平均律クラヴィーア曲集」の全48曲のフーガの中で、転調主題は、第1巻の変ホ長調、ホ短調、嬰ト短調およびロ短調のフーガくらいのものである。

答句は、主題が終わるとすぐに他の声部で、五度上または四度下、ときには八度上または下、その他で出る。これは主題を模倣したものである。答句には、カノンのときのように、正確に主題を移したものとそうでないものとがある。正

確に主題を移した五度上または四度下の答句を持つフーガは、**真正フーガ**といい、そうでないものは、**調的フーガ**という。真正フーガでは、フーガは答句で早くも属調に転調することになる。

フーガでは、最初に属調に転ずるということが大切なのである。

調的フーガでも、主題に転調がなければ、答句の導入に続いて属調に達する。この場合、転調は普通、基和音を新調のⅣに変えて行われる（例366の★印は主題と違う音）。

これに対して、転調主題のときには、この主題が基調に帰らなければ、答句で基調に帰る（例367a）。基調への転調の箇所は、主題の転調箇所と対応していることが多いが、そうでないこともある。主題が基調に帰っていれば、答句は一般に、属調で出る（例367b）。

調的フーガの場合の主題と答句の各音の対応は、だいたいつぎの通りである。

(1) 主題が基音で始まり、または終わるときは、答句は基音で始まり、または終わる。およびその逆。

(2) 主題で基音から属音に飛躍するときは、答句では、一般に属音から基音に飛躍する。およびその逆。特に、主題の最初にこの飛躍があるときには、この対応が行われる。

367.

(3) 転調主題が一時的に属調に転じ、後に基調になるときは、答句は基調で始まり、後に属調に転ずる。

以上のほかにも、音程の点でいろいろな変化がある。しかし、主題の減七度音程は、答句でも保存されるのが普通である。

こうした主題と答句の対応関係は、実際に多くのフーガで直接研究する以外には、詳しく知る方法がない。たとえば、主題が属音で始まるときに、答句は基音で始まるのが普通であるが、すると、そのほかにも、答句を主題の五度上または四度下に保つには、答句では基音を二回反復するということや、主題で基-属の飛躍にさらにこの音程外の音が接続するときには、答句ではこの音を中音にして属-基-下中音の飛躍を続けることが多い、などということがわかるだろう。

主題が基音や属音以外で始まるときには、真正フーガのことが少なくないが、ときには四度上または五度下で答句が出

ることもある。さらに、カノンのときと同じように、答句が拡大、縮小、反転その他の形になっているフーガもある。

　一つの声部が答句を出している間でも、前に主題を出した声部は、休んでいるのではなくて、答句に対位法をなして進んでいるのである。これは、**対句**または**対位主題**という。フーガが二声部であれば、提示部は、答句と対位主題の完全終止で終わる。フーガが二声部でなければ、今まで休んでいた第三の声部が、今度は主題の八度上または下で、したがって基調で主題を出し、今まで答句を出していた第二の声部は対位主題を出す。四声部のときは、第三の声部に対して、第四の声部が答句を出し、第三の声部は対位主題を示す。そして、第一と第二の声部は、自由対位法をなしてこれに加わっている。五声部や六声部のフーガでもこの原則は変わらず、すべての声部が主題または答句を出し終わって完全終止すると、フーガの提示部は終わる。ただし、この完全終止でフーガは途切れるのではなく、すぐうぎの句へと進むのである。また、主題と対位主題の間または答句との間には、**小結尾**と

いう短い句があることがある。

フーガの声部の出る順序は一定していない。ソプラノからアルトと順々に下って行くことも、バス、テノールと次第に上って行くことも、中声部から出ることもある。こうして、四声部フーガの提示部をわかりやすく書くと、つぎのようになる。

第一声部…主題…（小結尾）…対位主題…自由対位法…自由対位法	⎫
第二声部………………………答句……対位主題……自由対位法	⎬ 完全終止
第三声部………………………………………主題…………対位主題	⎮
第四声部………………………………………………………答句	⎭

対位主題は、答句または主題が後に出るたびに一緒に現われるとは限らない。一緒に再現されるときは、これを**対位主題保持のフーガ**という。

フーガの提示部のつぎには、主題のいくつかの反復部が続く。しかし、普通、提示部と反復部の間、および各個の反復部の間には挿句がある。挿句は、主題または対位主題の材料に由来していることが多いが、全然新しいものであることも少なくなく、一般に転回可能な対位法を使っている〔297ページ〕。そして、反復部は、主題と答句を交互にすべての声部に出すときに、**完全反復**といい、そうでない場合に、**不完全反復**という。

フーガでは、関係の薄い調への転調はほとんどない。転調の順序は一定していないが、だいたい、つぎのようにいうことができよう。長調のフーガでは、まず属調に転じ、それから基-属-基を繰り返し、並行または同基短調に行く。そして、ときにはこの短調の五度上の短調へ行き、ついで基調に帰る。終わり近くでは、特にバッハの曲にあっては、下属調へ一時移る。短調フーガでは、提示部の後に、並行長調、属長調と属短調などが出ることもある。いずれにしても、近親

調への転調が多い。

フーガでは、いろいろな技巧が使われる。それというのも、フーガは一つの主題を材料としてできているので、単調にならないためにはいろいろな工夫が必要だからである。

まず、主題の五度上または四度下以外の音程で答句が出ることがある。こうすると、属調以外への転調が生ずる。また、主題は、フーガの中途で完全に姿を再現するとは限らない。その一部分が模倣で取り扱われることもある。さらに、主題と答句の間隔も、提示部のときと同じでないことが多い。この間隔が短くなり、主題が終わらないうちに答句がでて、答句が終了しないうちにつぎの主題が現われるようなことも多い。こういうものは、**ストレッタ**または**ストレット**(stretta、stretto) あるいは**狭縮**という。例369は、例365で提示部の主題と答句を示したフーガの途中にあるストレッタである。ストレッタがでると、何か急迫するような、忙しい感じがする。

ストレッタのないフーガもあるが、また、主題を少し変形

してストレッタに使ったものもある。

フーガでは、主題の反転、拡大、縮小およびその混合などがさかんに使われ、それらがストレッタをなしていることも少なくない。

これに対して、反復部がストレッタでなく、提示部に似ていて、しかも目立った転調もないものがある。これを、**対立提示部**という。

さらに、フーガでは、前述の通り〔309ページ〕、二重対位法や三重対位法がさかんに使われる。また、終わり近くでは、持続音があることも少なくない。この持続音は基音か属音かであり、両方あるときには、属-基の順序で終止感を出す〔92ページ〕。

フーガには、普通、主題材料を用いた結尾がある。これは、いわば終止強化に役立つもので、基調で支配されているが、短調のときには最後にピカルディ三和音〔214ページ〕がよく用いられる。特にバッハの短調のフーガではそうである。

フーガには、主題が一つでなく、二つまたは三つあるものもある。そういうフーガは、二重フーガあるいは三重フーガという。

二重フーガは、つぎの三種に分けることができる。

第一種——第二主題と第一主題とが対位法で同時に現われ

るもの。この場合、対位法は必ず二重対位法である。そして、上で述べたフーガの主題がひとつの声部だったのに対し、今度は二つの声部でできた組が主題のようになっているのである。「平均律クラヴィーア曲集」には、この種のフーガの典型的なものはない。しかし、同じバッハのオルガンのためのハ短調パッサカリアの最後には、この素晴らしい例がある（例371a）。なお、この曲は、管弦楽用にも編曲されているので、しばしば聴く機会がある。しかし、この種のフーガは、むしろバッハ以外の作曲家でよく見受けられる（例

371b)。

　第二種——第二主題が、第一主題の提示部の中で出ずに、提示部の後に独立的に出るもの。したがって、この二重フーガでは、第一主題の提示部（例372a）と第二主題の提示部（例372b）とがあるわけである。そして、その後に、両主題が二重対位法で結合する（例372c）。

　第三種——これは、前の二種の中間的なもので、第二主題を第一主題と同時に最初には出さず、しかも第二主題を独立的にも提示しないで、第一主題の提示部（例373a）の後に、第二主題が第一主題と結合して提示されているものである（例373b）。

　三重フーガも四重フーガも二重フーガと同じように、いろいろな種類がある。つぎに三重フーガの一例を示す。A、B、Cは三つの主題、A′、B′、C′は各主題の答句である（例374）。

　フーガには、コラール（衆讃歌）フーガというものもある。コラールとは、プロテスタント教会の讃美歌のことであ

る。コラールフーガは、このコラールから主題を取ったものを指すこともあれば、コラールの上に新しいフーガを置いたもの、すなわち、いわばコラールかフーガがどちらかの伴奏

第6部 形式の理論

のようになっているものを指すこともある。バッハのオルガン用のフーガや宗教的な合唱曲にはそういうものがある。

また、これに似て、独立的な伴奏を持ったフーガもある。

フーガの小さくて単純なものは、**フゲッタ**といい、フーガの提示部だけしかないものは**フガート**という。フゲッタは独立的な曲になることもできるが、フガートはロンド、ソナタ、変奏曲などの形式の中で現われる。ベートーヴェンの曲にはそういうフガートが非常に多い。フガートでも、二重フガート、三重フガートなどがある。モーツァルトの「ジュピター交響曲」の終曲には技巧的な三重フガート（例322）、ベートーヴェンの第九交響曲の終楽章には、素晴らしい二重フガートの例がある。

第6章 ソナタ形式

ソナタ形式という名称は、ソナタと呼ばれる曲のある一つの楽章、特に第1楽章に使われて、ソナタの曲に特徴を与えていたことから生れた。ソナタという曲は、17世紀頃からあったが、それは今のソナタとは違うもので、ハイドンやモーツァルトの頃になって初めて、現在普通にソナタと呼ばれている形を持つ曲が生れた。したがって、バッハのソナタとモーツァルトのソナタとは本質的に構造が違うのである。ハイドン、モーツァルト以後のソナタは、たいてい、三つか四つの楽章を持ち、普通、第1楽章にソナタ形式を用い、第2楽章と第3楽章にメヌエットやスケルツォなど三部形式の曲と緩徐な変奏曲形式あるいは歌曲形式、またはソナタ形式などを置き、第4楽章に急速なロンド形式、ソナタ形式、あるいは変奏曲形式などを使っている。これに対して、バッハやヘンデルの頃のソナタは、同じく三つか四つの楽章を持っているが、ソナタ形式の楽章を一つも持っていない。そして各楽章は、歌曲形式から変奏曲形式、ときにはロンド形式になっている。しかも、こういうバロック・ソナタでは、各楽章の調は同一のことが多いが、古典派以後のソナタでは調が違っている。しかし、どちらのソナタでも、各楽章は、速度、リズム、拍子などで対比を出しているし、また一方、全曲から見て、各楽章は、主題の材料や調などで統一されている。こういう主題の関連は、バッハやベートーヴェンでは使われていることは使われているが、あまり目立っていないことが多い。しかし、ロマン派時代以後になると、きわめて目立っている。

こういう主題の関連から暗示されて、ヴァーグナーはその音楽劇で全体を統一するために**指導動機**を使ったともいわれ

ている。

ソナタは、普通、独奏または二重奏の器楽曲に対する名前であるが、三重奏や四重奏、あるいは管弦楽用のソナタもある。しかし、そういうものはソナタと呼ばず、三重奏曲、四重奏曲、交響曲などというのが普通である。協奏曲は、管弦楽と独奏楽器が協奏するソナタである。

こうして、ソナタとソナタ形式の曲とは違うものなのである。そして、ソナタにいろいろな楽器の曲があるのと同じく、ソナタ形式の曲にも、独奏用、重奏用、管弦楽用のものがある。ただし、声楽用のものはあまり見かけない。

ソナタ形式は、三つの部分、すなわち、提示部、展開部、再現部とからできている。そして、これには、最初に序、最後に結尾がつくことが少なくない。

提示部は、いうまでもなく、主題を提示する部分である。しかし、これまで調べてきた形式とは違って、ここには二つの主題がある。まず、**第一主題**が出る。これは、曲の性格を決定するもので、はっきりした性質のものである。その形は、たいてい、一部から三部の単純歌曲形式である。そして、多くは、基調で完全終止する。

第一主題の後には、**経過部**が続く。これは、第一主題と第二主題をつなぐ部分である。経過部は一般に第一主題の材料でできていて、次第に転調して、多くは、第二主題の調を経てその属調で終わる。ときには、これが第二主題の材料をあらかじめ示すこともある。

経過部に続いて、**第二主題**が出る。第二主題の調は、第一主題の調と関係の深い調であり、普通、属調（第一主題が長調のとき）または並行調（第一主題が短調のとき）である。しかし、下属調や三度の調であることも少なくない。この調で、第一主題と第二主題との間に対比が起こるが、さらにこ

のほかにも、いろいろな方法でこの対比を出しているのが普通である。たとえば、第一主題がスタッカートなら第二主題はレガートに、フォルテならピアノに、上行的なら下行的に、分散和音風なら接続進行風に、などの方法がある。つぎに、二、三のソナタ形式の曲の第一主題と第二主題を、それぞれはじめの方だけ示してみよう（例375）。

しかし、両主題は、対比をすると同時に、統一性の要素を含み、たがいにある程度関連しているのが普通である。あまりに著しい対比だけがあり、関連が全然ないと、曲がチグハグなものになるからである。

こうして、たとえば、第二主題に第一主題の反転形を置くとか、両主題に同一の伴奏型を与えるとか、一方の主題を他方の主題に伴奏または対位法として加えるとか、両主題を動

機的、旋律的に関係づけることが多い。そして、さらに、ハイドンの初期の作品、したがって、ソナタ形式発生の頃の曲では、両主題の対比よりも関係が重んじられたらしく、第二主題が第一主題の移調したものになっていることが少なくないのである。

第二主題は、第一主題より長いことが普通である。そして、たいていは転調を含んでいるが、それでも、全般的に第二主題の最初の調に支配されている。

この第二主題で提示部が終わることもあるが、多くは、第一または第二主題の材料でできた**小結尾**という句で、提示部が属調（または第二主題の調その他）で終わる。

提示部のつぎは、展開部である。しかし、短いソナタ形式や緩徐楽章の場合には、展開部がないこともある。ベートーヴェンのハ短調（Op. 10-1）とニ短調（Op. 31-2）ピアノ・ソナタの第2楽章は、ともに、展開部らしいものを持っていない。ブラームスも、その種のソナタ形式をよく書いた。

展開部は、一般に、提示部の最後の調、すなわちたいていは属調で始まり、第一主題をその調で出す。しかし、ときには、第二主題を出すこともあれば、新しい句を示すこともある。そして、提示部で出した主題をいろいろに展開するのである。展開の方法は、各人各様であり、曲によって全然違うが、だいたい、動機の変形〔248ページ以下〕と変奏の方法〔341ページ〕にもとづくもののほかに、対位法、カノン、フガートなどによるものがある。しかし、さらに、両主題ときわめて関係の薄いような句が出ることもある。

展開部のつぎには、**再現部**がある。これは、文字通り、提示部を再現するところである。しかし、安定感を出すために、第一主題と第二主題は、普通、同じ基調で出る。したが

って、その場合には、両主題の間の経過部は省略されたり、短縮されたりする。しかし、経過部に重要な旋律があるときには、第二主題の後に、どちらかの主題とこの旋律とを対位法的に結合したりする。

短調の第一主題は、同基長調で再現されることが少なくない。また、第一主題を完全にそのまま再現せず、短縮したり変形したりして再現することもある。特に、展開部でさかんに使われた主題の部分は、くどくなるのを避けるために、省略されることが多い。

こういう省略は、第二主題でも行われることがある。ショパンの変ロ短調ソナタ（Op. 35）の第1楽章は、展開部でおもに第一主題だけを取り扱ったので、再現部ではこの主題を省略し、すぐに第二主題を基調で出している。その代わり、統一のために、結尾で第一主題をおぼろげに、バスで出している。

提示部の二つの主題の間の調関係には、上述のほかにもいろいろのものがある。ハイドンやシューベルト、ブラームスなどは、第一主題を下属調で出すのを好んだ。また、第二主題を再現部で、基調以外の調で出すことも少なくない。ベートーヴェンの「ヴァルトシュタイン・ソナタ」（Op. 53）の第1楽章は、提示部では第一主題をハ長調、第二主題を三度上のホ長調で出しているのに対し、再現部では、第一主題をハ長調、第二主題をイ長調で出している。第二主題に転調があるときには、再現部でも、それに対応した転調が行われているのが普通である。

さらに、再現部の主題は、提示部と別の和声になっていたり、新たに対位法を持っていたり、違う楽器構成にしたがっていたりすることも少なくない。

さらに、シベリウスの第四交響曲の第1楽章のように、主

題の部分の順序を変えて再現することもある。そして、これが極端になって、モーツァルトのニ長調ピアノ・ソナタ (K311) のように、二つの主題の順序を逆にして再現したものもある。

こういう特殊な再現の方法は、一々挙げることができないくらいに多いし、近代の曲ではさらに自由なものとなっている。

ソナタ形式には序、あるいは結尾があることが少なくない。**序**は、ゆるやかなものが多い。ハイドンやモーツァルトの交響曲の緩徐な序は、続く主要部とあまり密接に関係しておらず、いわば、聴衆の気を落ち着かせるのに役立っている。これに対して、ベートーヴェン以後の曲の序は、主要部と密接に関係しているものが少なくない。そういうものでは、序に主題の断片を入れたり、主題の主要な音を目立たせたりするのが普通である。ブラームスは、序のあるソナタ形式をたいして書かなかったが、それを用いたときには序を主要部と非常に有機的に結びつけた。たとえば、その第一交響曲の第1楽章の序のおもな旋律が、つぎに続く主要部の旋律とどう関係しているか、調べてみるとよい。

序には、緩徐でなく、つぎの主要部と同じ速度のものもある。ベートーヴェンの第三交響曲の冒頭の二つの和音、第九交響曲の最初の16小節、シューベルトの「未完成交響曲」の出はじめのチェロとバスの有名な旋律（例277b）などはその代表的なものである。こういうものは、再現部のはじめで再現されないか、調がはっきりしていないかであることが多い。しかしまた、つぎに出る主題の印象を強めるためのものであることもある。

結尾は、序と違って、ハイドンやモーツァルトの交響曲でも重要な役をし、全曲の締めくくりとして使われている。ベ

ートーヴェンでは、結尾を念入りに作ったものが多く（第三以後の交響曲）、速度を速くして全曲の最後の頂点としたものもある（「ヴァルトシュタイン・ソナタ」や「熱情ソナタ」など）。こういう長い結尾では、第二の展開部のようになっていて、新しい材料も加えられていることが少なくない。さらに、「悲愴ソナタ」(Op. 13) では、緩徐な序を簡単にした、やはりゆるやかなものを結尾としている。なお、この曲では、序の句が展開部の前でも出ているが、ベートーヴェンは、このような方法を短い序を持つ曲でよく行なった（例えば、ニ短調ソナタ Op. 31-2）。

　結尾はシューマン、ブラームスなどのソナタ形式でもきわめて重視されている。特にブラームスは、緩徐な序を持つときには緩徐な結尾を置いて曲の釣り合いをはかったこともある（第一交響曲の第1楽章、嬰ヘ短調ソナタ Op. 2 の終曲など）。

　ソナタ形式は、ソナタの楽章ばかりでなく、序曲その他の独立的な曲にも使われることが多い。

　また、ソナタ形式は、他の形式と混用されることも少なくない。例えば、ベートーヴェンの第九交響曲の第2楽章スケルツォや変ホ長調ソナタ (Op. 7) の第3楽章は、三部形式になっている上に、第一部と第三部がソナタ形式にしたがっている。その上、さらに、第九交響曲の方では、第一主題はフガートになっていて、トリオは変奏曲になっている。このように、ソナタ形式はフガートと一緒になっていることも少なくない。モーツァルトの「ジュピター交響曲」の終曲がそのもっともよい例で、そこでは、第一主題の後にこれを基礎としたフガートがあるし、結尾には三重フガートもあるほか〔359ページ、その他〕、対位法や模倣やカノンがいたるところにある。

結 び

　楽典の初歩の知識を持つ人を対象として、広く深く音楽の理論を説明しようと筆を運んでいるうちに、いつしか本書も終わりのところにきてしまった。本書を読んで、音楽の理論の相当広範な概念が得られたことと思う。しかし、音楽の理論は、こういう小冊子で研究しつくされるものではない。これ以上に深く研究したいと思う人は、各分野の専門的な著書と作曲学の書を読むことが必要である。そのためにはどうしても、かなりの程度の外国語の知識を欠くことができない。日本語の本は最近随分出版されたというものの、やはり外国語の数多くの著書を読んで詳細綿密な研究をし、日本の本に不足しているものを補わなければならない。しかしまた、理論書を読むこと以上に、楽譜を揃えることも不可欠である。いやしくも理論を語るならば、名曲といわれる類いの楽譜は一応持っていて、つねに手許に置いて調べるようにしたいものである。楽譜はいくら集めてもきりがないので、暇さえあれば集めるようにしておくとよい。しかも、主要な名曲の楽譜は、たいてい、少し探せば容易に入手できるものだし、また外国からでも手に入れることができる。楽譜こそは音楽の生命である。少しでも楽譜に親しみ、理論に足を踏み入れた人は、これまで以上に深く音楽を味わうことができる。楽譜もみたことがないのに、音楽を批評するのは、やめにしよう。

　本書で説明したのは、どれも概観的なものであるが、たいていの音楽で十分役に立つはずである。そして、これから進んで、さらに多くの音楽で深く研究すると、ますます興味がわいてくるに違いない。こうして、実際、世界には音楽理論の研究で一生を費やしている人も少なくないのである。ま

た、各作曲家別に理論的に調べると、作曲家の特徴や個性をつかむことができるし、音楽史的に発展の経路も如実に知ることができる。あるいは、土地別に見ると、たとえばドイツとフランスとロシアの音楽の相互の類似点や差異もわかるだろう。このように、音楽理論が音楽学で演ずる役割は非常に大きいのである。それどころか、理論の裏付けがない限り、音楽の研究は進歩しないのである。そして、この音楽の研究の進歩、ひいては音楽的水準を高めることは、ただ専門家だけで推進されるのではない。この進歩は、愛好家があってこそ可能なのである。音楽理論を学ぶ愛好家が多ければ多いほど、日本の音楽界は向上する。これからの愛好家は、是非とも理論の初歩的なことは知っていたいものである。本書によって、音楽理論に対する興味を覚えた人が一人でも多く出れば、筆者のもっとも幸甚とするところである。そうすれば、たんに演奏や作曲の分野だけでなく、聴衆のレヴェルや音楽の研究の点でも、世界一流の高さに近づくことになる。筆者は、そういう日が一日でも早く来るのを望んでいる。

著　者

本書の原本は、一九九二年に音楽之友社より
『新版 音楽の理論』として刊行されました。

門馬直美（もんま　なおみ）

1924-2001年。東京に生まれる。東京大学理学部卒業。放送局勤務ののち，常葉女子短期大学教授，洗足学園大学音楽学部教授，サントリー音楽財団顧問などを務める。音楽評論家として活動。洗足学園大学音楽学部名誉教授。主な著作に『西洋音楽史概説』（春秋社），『管弦楽協奏曲名曲名盤100』（音楽之友社）など。

音楽の理論
門馬直美

2019年9月10日　第1刷発行
2023年8月21日　第4刷発行

講談社学術文庫

定価はカバーに表示してあります。

発行者　鈴木章一
発行所　株式会社講談社
　　　　東京都文京区音羽 2-12-21 〒112-8001
　　　　電話　編集 (03) 5395-3512
　　　　　　　販売 (03) 5395-4415
　　　　　　　業務 (03) 5395-3615

装　幀　蟹江征治
印　刷　株式会社KPSプロダクツ
製　本　株式会社国宝社
本文データ制作　講談社デジタル製作
© Kiyoko Monma　2019　Printed in Japan

落丁本・乱丁本は，購入書店名を明記のうえ，小社業務宛にお送りください。送料小社負担にてお取替えします。なお，この本についてのお問い合わせは「学術文庫」宛にお願いいたします。
本書のコピー，スキャン，デジタル化等の無断複製は著作権法上での例外を除き禁じられています。本書を代行業者等の第三者に依頼してスキャンやデジタル化することはたとえ個人や家庭内の利用でも著作権法違反です。R〈日本複製権センター委託出版物〉

ISBN978-4-06-516689-5

「講談社学術文庫」の刊行に当たって

これは、学術をポケットに入れることをモットーとして生まれた文庫である。学術は少年の心を養い、成年の心を満たす。その学術がポケットにはいる形で、万人のものになることは、生涯教育をうたう現代の理想である。
こうした考え方は、学術を巨大な城のように見る世間の常識に反するかもしれない。また、一部の人たちからは、学術の権威をおとすものと非難されるかもしれない。しかし、それはいずれも学術の新しい在り方を解しないものといわざるをえない。

学術は、まず魔術への挑戦から始まった。やがて、いわゆる常識をつぎつぎに改めていった。学術の権威は、幾百年、幾千年にわたる、苦しい戦いの成果である。こうしてきずきあげられた城が、一見して近づきがたいものにうつるのは、そのためである。しかし、学術の権威を、その形の上だけで判断してはならない。その生成のあとをかえりみれば、その根はなくに人々の生活の中にあった。学術が大きな力たりうるのはそのためであって、生活をはなれた学術は、どこにもない。

開かれた社会といわれる現代にとって、これはまったく自明である。生活と学術との間に、もし距離があるとすれば、何をおいてもこれを埋めねばならない。もしこの距離が形の上の迷信からきているとすれば、その迷信をうち破らねばならぬ。

学術文庫は、内外の迷信を打破し、学術のために新しい天地をひらく意図をもって生まれた。文庫という小さい形と、学術という壮大な城とが、完全に両立するためには、なおいくらかの時を必要とするであろう。しかし、学術をポケットにした社会が、人間の生活にとってより豊かな社会であることは、たしかである。そうした社会の実現のために、文庫の世界に新しいジャンルを加えることができれば幸いである。

一九七六年六月

野間省一

文学・芸術

23 中国文学入門
吉川幸次郎著（解説・興膳 宏）

三千年というとほうもなく長い中国文学の歴史の特質は何かを、各時代各ジャンルの代表的作品例に即して、また、西洋文学との比較を通してわかり易く解明。ほかに、『中国文学の四時期』など六篇を収録。

95 日本の美を求めて
東山魁夷著

日本画壇の第一人者、あくなき美の探究者東山画伯が、日本の風景への憧憬と讃歌を綴る随想と講演あわせて五篇を収録。自然との邂逅とその感動が全篇を貫いて響き、日本美の根源へと読者を誘う好著。

122 芭蕉入門
井本農一著

芭蕉が芸術の境地を確立するまでには、さまざまの試行錯誤があった。その作品には俳諧の道を一筋に追い求めた男のきびしい体験が脈打っている。現代人に共感できる人間芭蕉を浮き彫りにした最適の入門書。

269 竹取物語
上坂信男全訳注

日本の物語文学の始祖として古来万人から深く愛された「かぐや姫」の物語。五人の貴公子の妻争いは風刺を盛った民俗調が豊かで、後世の説話・童話にも発展する。永遠に愛される素朴な小品である。

325 和漢朗詠集
川口久雄全訳注

王朝貴族の間に広く愛唱された、白楽天・菅原道真の詩、紀貫之の和歌など、珠玉の歌謡集。詩歌管絃に秀でた藤原公任の感覚で選びぬかれた佳句秀歌を、自然の美をあまねく歌い、男女の愛怨の情をつづる。

414・415 伊勢物語（上）（下）
阿部俊子全訳注

平安朝女流文学の花開く以前、貴公子が誇り高く、颯爽と行動してひたむきな愛の遍歴をした。その人間悲哀の相を、華麗な歌の調べと綯い合わせ纏め上げた珠玉の歌物語のたまゆらの命を読み取ってほしい。

《講談社学術文庫 既刊より》

文学・芸術

428〜431 徒然草(一)〜(四)
三木紀人全訳注

美と無常を、人間の生き方を透徹した目でながめ、価値あるものを求め続けた兼好の随想録。全二四四段を四冊に分け、詳細な注釈を施した作者の思索の跡をさぐる。(全四巻)

452 おくのほそ道
久富哲雄全訳注

芭蕉が到達した俳諧紀行文の典型が『おくのほそ道』である。全体的構想のもとに句文の照応を考え、現実の景観と故事・古歌の世界を二重写し的に把握する叙述法などに、その独創性の一端がうかがえる。

453 茶道の歴史
桑田忠親著

茶道研究の第一人者による興味深い日本茶道史。能阿弥＝紹鷗＝遠州＝宗旦と大茶人の事跡をたどりつつ、歴史的背景や人物のエピソードをまじえながら、茶道の生成発展と「茶の心」を明らかにする。

459 方丈記
安良岡康作全訳注

「ゆく河の流れは絶えずして」の有名な序章に始まる鴨長明の随筆。鎌倉時代、人生のはかなさを詠嘆し、大火・大地震・飢饉・疫病流行・人事の転変にもまれる世を遁れて出家し、方丈の庵を結ぶ経緯を記す。

497 西行物語
桑原博史全訳注

歌人西行の生涯を記した伝記物語。友人の急死を機に、妻娘との恩愛を断ち二十五歳で敢然出家した武士藤原義清の後半生は数奇と道心一途である。「願はくは花の下にて春死なむ」ほかの秀歌群が行間を彩る。

614 百人一首
有吉 保全訳注

わが国の古典中、古来最も広く親しまれた作品百首に明快な訳注と深い鑑賞の手引を施す。一首一首の背景にある出典、詠歌の場や状況、作者の心情にふれ、さらに現存最古の諸古注を示した特色ある力作。

《講談社学術文庫　既刊より》

文学・芸術

620 クラシック音楽鑑賞事典
神保璸一郎著

人々の心に生き続ける名曲の数々をさらに印象深いものとする鑑賞事典。古典から現代音楽まで作曲者と作品を網羅し、解説はもとより楽聖たちの恋愛に至るまでが語られる。クラシック音楽愛好家必携の書。

631 俳句 四合目からの出発
阿部筲人著（解説・向井 敏）

初心者の俳句十五万句を点検・分類し、そこに共通して見られる根深い欠陥である紋切型表現と手を切れば、今すぐ四合目から上に登ることが可能と説く。俳句上達の秘伝を満載した必携の画期的な実践入門書。

720 東洋の理想
岡倉天心著（解説・松本三之介）

明治の近代黎明期に、当時の知性の代表者のひとり天心は敢然と東洋文化の素晴らしさを主張した。「我々の歴史の中に我々の新生の泉がある」とする本書は、日本の伝統文化の本質を再認識させる名著である。

795・796 とはずがたり（上）（下）
次田香澄全訳注

後深草院の異常な寵愛をうけた作者は十四歳にして男女の道を体験。以来複数の男性との愛欲遍歴を中心に、宮廷内男女の異様な関係を生々しく綴る個性的な手記。鎌倉時代の宮廷内の愛欲を描いた異彩な古典。

813 茶道の哲学
久松真一著（解説・藤吉慈海）

茶道の本質、無相の自己とは何か。本書は、著者の茶道の実践論ともいうべき「茶道箴」を中心に展開。「日本の文化的使命と茶道」「茶道における人間形成」等の論文をもとに茶道の本道を説いた刮目の書。

868 基本季語五〇〇選
山本健吉著

『最新俳句歳時記』『季寄せ』の執筆をはじめ、多年に亘る俳句研究の積み重ねの中から生まれた季語解説の決定版。俳句研究の最高権威の手に成る基本歳時記で、作句の全てはこの五百語の熟読理解から始まる。

《講談社学術文庫 既刊より》

文学・芸術

894 フランス絵画史 ルネッサンスから世紀末まで
高階秀爾著

十六世紀から十九世紀末に至る四百年間は、フランス精神が絵画の上に最も美しく花開いた時代である。美の様式を模索する芸術家群像とその忘れ難い傑作の系譜を、流麗な文章で辿る本格的通史。文庫オリジナル。

930 怪談・奇談
小泉八雲著／平川祐弘編

一八九〇年に来日以来、日本と日本の文化を深く愛し続けていた小泉八雲。本書は、彼の作として知られている「耳なし芳一」「轆轤首」「雪女」等の怪談・奇談四十二篇を新訳で収録。さらに資料として原拠三十篇を翻刻した。

938 日本の心
小泉八雲著／平川祐弘編

障子に映る木影、小さな虫、神仏に通じる参道——名もない庶民の生活の中に、八雲は「無」や「空」の豊かな美しさを見た。異国の詩人が見事に描いた古き良き日本。八雲文学の中心に位置する名編。

943 明治日本の面影
小泉八雲著／平川祐弘編

美しい風土、様々な人との出会い。八雲は日本各地を旅し、激しい近代化の波の中で失われつつある明治日本の気骨と抒情を、愛惜の念をこめてエッセーに綴った。懐かしい明治日本によせた八雲の真情を読む。

948 神々の国の首都
小泉八雲著／平川祐弘編

出雲の松江という「神々の国の首都」での見聞を八雲は新鮮な驚きにみちた眼で把えた。明治二十年代の一地方都市とその周辺の風物、人々の姿を鮮やかに描いた名著。みずみずしい感動に溢れた八雲の日本印象記。

949 モーツァルト
吉田秀和著（解説・川村二郎）

わが国の音楽批評の先導者・吉田秀和の出発点にはベートーヴェンでもバッハでもなくモーツァルトの音楽があった。楽曲の細部に即して語りつつ稀有の天才の全体像を構築した、陰影に富むモーツァルト論集。

《講談社学術文庫　既刊より》